KB266659

넥스트 AI,
공간 컴퓨팅

넥스트 AI 공간 컴퓨팅

애플·구글·메타가 사활을 건
2035 공간 기술 패권 시나리오

최형욱·전진수 지음

NEXT AI SPATIAL COMPUTING

21세기북스

추천의 말

*

이 책은 공간 컴퓨팅을 단순한 기술 유행이 아니라, AI 이후를 여는 새로운 컴퓨팅 패러다임으로 설득력 있게 제시하는 보기 드문 역작이다.

— **휴고 바라**Hugo Barra
/dev/agents/ 공동 창업자, 前 구글 안드로이드 제품 총괄 부사장,
前 메타 오큘러스(Oculus) VR 부문 부사장

*

공간 컴퓨팅은 인간과 컴퓨터가 만나는 방식 자체를 바꾸는 근본적이면서도 핵심적인 새로운 인터페이스다. 이는 인간과 컴퓨팅 지능과의 다음 관계를 규정하게 될 것이다. 이 책은 그 변화의 본질을 정확히 짚어내고 있다.

— **로니 아보비츠**Rony Abovitz
신스비(SynthBee) CEO, 공간 컴퓨팅 기업 매직 리프(Magic Leap, Inc.) 창업자

*

이 책은 기술적 관점과 산업적 관점을 균형 있게 아우르며, 왜 공간 컴퓨팅이 필연적으로 차세대 플랫폼이 될 수밖에 없는지를 설득력 있게 설명하는 필독서다.

— **콜런 세웰**Colan Sewell
메타 리얼리티 랩스(Reality Labs) 부문 부사장, 前 HTC VIVE VR 부사장

*

지난 20여 년간 나는 빅테크 기업의 리더들과 세계적인 석학들과 함께 기술과 학문의 최전선에서 그 변화를 직접 목격해왔다. 급변하는 오늘의 세계에서, 저자들이 제시하는 이 최첨단 융합적 안내서는 필수적이다. 저자들은 기술적 혁신과 사용자 경험을 탁월하게 결합해, 공간 컴퓨팅이 차세대 기술로 지닌 잠재력을 독자에게 설득력 있게 안내한다. 이 책은 AI가 주도하는 미래 앞에서 방향을 고민하는 이들에게 믿음직한 길잡이가 되어줄 것이다.

— **안선주 교수**
조지아대 첨단 컴퓨터 휴먼 센터장

'사각형 화면'의 시대가 저물고, 우리가 서 있는 현실이 컴퓨팅의 무대가 되는 '무형 공간'의 시대가 시작되었다. 이 책은 1960년대 '다모클레스의 검'부터 최신 'AI 글래스'에 이르기까지 XR 기술의 방대한 궤적을 저자들의 현장 경험과 지식을 결합해 생생하게 풀어내며 통찰을 제시한다. 특히 '공간 지능'과 '증강 인간'이 주도할 미래 질서를 기술과 인문을 아우르는 균형 잡힌 시각으로 조망하는 점이 인상적이다. 현실과 가상의 융합이 일상이 되는 포스트메타버스 시대, 우리가 발견할 기회와 준비해야 할 방안을 제시한다. 기술 혁명의 파도 앞에서 미래를 준비하려는 모든 이들에게 이 책의 일독을 권한다.

— 우운택 교수
KAIST 메타버스 대학원장

✳

우리는 지금 화면의 시대에서 공간의 시대로 이동하고 있다. AI는 채팅창에서 우리와 대화하던 언어모델에서 발전해 이제는 실제 세상 속에서 움직이고 작동하는 피지컬 AI로 진화하는 중이다. 이러한 변화 속에서 인간 경험을 다시 설계하는 공간 컴퓨팅은 빅테크 기업이 주목하는 핵심 분야다. 오랜 기간 이 분야의 변화를 관찰하고 만들어온 두 저자는 이 책을 통해 깊이 있는 기술 통찰에 기반한 인간의 인지 구조 변화를 보여주려 노력한다. 많은 기술서가 "무엇이 가능한가?"를 말할 때, 이 책은 "그래서 무엇이 바뀌는가?"를 묻는다. 더 나아가 이 책은 공간 컴퓨팅과 AI를 통해 확장되는 세상 속에서, 인간의 자율성과 인지가 어떤 선택을 요구받는지 과거부터 현재까지 아우르며 차분하고 흥미롭게 길을 보여준다. 기술을 낙관도 비관도 아닌, 책임의 문제로 다루는 이 시대에 꼭 필요한 책이다.

— 뇌과학자 장동선

『AI는 세상을 어떻게 바꾸는가』 저자

✳

이 책이 말하는 공간 컴퓨팅은 단순한 XR 기기 이야기가 아니다. AI가 언어를 넘어 공간을 이해하기 시작하면서, 컴퓨팅의 본질 자체가 바뀌고 있다는 선언이다. 투자자로서 나는 테크가 가져올 새로운 변화의 흐름을 가장 중요하게 본다. 이 변화는 'Physical AI 혁명'의 매우 중요한 축 중 하나가 될 것이다. 로봇이 공장을 바꾸듯, 공간 지능은 우리의 일상과 업무 환경을 재정의한다. 저자들은 현장에서 직접 제품을 만들고 사업화한 경험을 바탕으로 이 변화의 본질을 꿰뚫고 있다. 기술 서적은 많다. 하지만 "무엇이 변하고, 무엇이 변하지 않는가?"라는 본질적 질문을 던지는 책은 드물다. 다음 10년을 준비하는 리더라면 반드시 읽어야 할 책이다.

— 정지훈 겸임교수

DGIST 전기전자컴퓨터공학과

불, 바퀴, 인쇄술, 인터넷. 인류의 역사는 언제나 '공간을 확장한 기술'의 역사였다. 이 책은 공간 컴퓨팅을 단순한 디바이스나 트렌드가 아니라 인간의 인식 구조와 경험 방식이 재편되는 문명적 전환으로 바라보며, 인공지능이 우리의 시선과 동작, 맥락을 읽고 반응하는 '공간의 시대'가 시작되었음을 선언한다. "준비되지 않은 혁신은 실패했고, 준비된 기술만이 세상을 바꾸었다"라는 저자의 말처럼 이 책은 새로운 플랫폼이 태동하는 시점에 질서를 재편할 리더들을 위한 전략서가 되어줄 것이다. 특히 미래를 기술이 아니라 인간의 관점에서 이해하고 싶은 이들에게 강력히 추천한다.

— 손재권 대표
테크 & 경제미디어 《더밀크》

＊

애플·구글·삼성이 동시에 베팅하는 기술에는 반드시 이유가 있다. 이 책은 공간 컴퓨팅을 단지 빅테크 기업이 주목하는 신기술로 설명하기보다 그것이 왜 미래의 커리어, 비즈니스, 투자 지형을 바꾸는 전환점인지를 설명한다. 흐름을 읽는 사람과 놓치는 사람의 차이는 정보가 아니라 이해다. 이 책 안에는 그 격차를 만드는 결정적 단서가 담겨 있다.

— 이진우 기자
유튜브 〈삼프로TV〉, MBC 라디오 〈손에 잡히는 경제〉

상상, 현실의 문을 열다

어릴 적부터 '블레이드 러너', '백 투 더 퓨처' 같은 공상과학 영화를 통해 미래를 상상하곤 했다. 허공에 손을 휘저으며 정보를 조작하는 '마이너리티 리포트' 영화 속 장면이 언젠가 현실에서 펼쳐질 것이라는 막연한 확신을 심어주었다. 손끝으로 공간을 조작하고 허공에 데이터를 띄우는 세상, 현실과 가상이 혼재하는 세계가 바로 우리가 맞이할 미래라고 믿었다.

당시에는 공상에 불과했지만, 미래에 대한 호기심을 자극했고 그 호기심은 결국 삶의 방향을 결정짓는 나침반이 되었다. 픽셀 속 3D 엔진을 구동하던 피처폰부터 세상을 바꾼 스마트폰, 증강현실의 문을 연 구글 글래스 그리고 가상현실의 대중화를 이끈 오큘러스 퀘스트에 이르기까지 기술의 발전은 멈추지 않았다.

나아가 '이프랜드'와 같은 사회적 실험을 거쳐 애플 비전 프로와 메타 스마트 글래스의 등장에 이르기까지, 이 모든 변화는 단순한 기술의 진화를 넘어 인간 경험 자체의 확장으로 체감되었다. 우리는 지금, 상상이 현실이 되는 순간을 직접 목격하고 있다.

기술은 언제나 인간의 상상을 뒤따라왔다. 그리고 그 상상은 이제 전혀 다른 차원의 공간으로 확장되고 있다. 우리는 수십 년간 손바닥만 한 평면 화면 속에서 세상을 보고 듣고 느끼며 살아왔다. 어쩌면 현실보다 더 많은 시간을 작은 사각형 안에서 보냈는지도 모른다. 그러나 인간은 본래 공간 속에서 태어나 시간 속에서 기억하며 관계를 맺는 입체적 존재다.

공간 컴퓨팅Spatial Computing의 등장은 이러한 입체적 인간성의 회복을 의미한다. 디지털 정보가 화면을 벗어나 현실 공간으로 스며들면서 벽은 스크린이 되고, 테이블은 인터페이스Interface(상호작용 체계)가 되며, 도시는 거대한 데이터 캔버스로 변모한다. 기술이 다시 한번 현실을 재정의하기 시작한 것이다.

2022년 겨울, ChatGPT가 등장하며 인공지능AI, Artificial Intelligence 시대의 본격적인 서막을 열었다. 불과 두 달 만에 1억 명 이상이 사용하면서 인류는 언어를 이해하고 사유를 흉내 내는 기계와 일상적으로 대화하게 되었다. 이 대화는 지식 전달을 넘어 사고의 형식 자체를 바꾸었다.

그러나 이는 시작에 불과했다. AI는 이제 언어를 넘어 이미지를 이해하고, 공간을 인식하며, 세계를 예측하는 단계로 진화하고 있다. 즉, AI는 더 이상 단순한 기술이 아니라 인간 감각의 확장이자, 우리가 보는 것을 함께 보고 공간을 해석하는 인지 체계로 자리 잡고 있다. ChatGPT 이후의 변화는 언어·시각·청각·공간을 아우르는 공간지능 혁명의 출발점이라 할 수 있다. 교육, 업무, 제조, 도시 등 사회 전반의 구조가 AI와 공간지능을 기반으로 재설계되고 있으며, 이는 인터넷이나 스마트폰의 등장을 뛰어넘는 문명적 전환을 예고한다.

역사적으로 불은 어둠의 공간을, 바퀴는 이동의 공간을, 인쇄술은 지식의 공간을, 인터넷은 연결의 공간을 확장해왔다. 이제 공간 컴퓨팅은 현실 그 자체를 확장하며 가상과 현실이 분리되지 않는 새로운 질서를 만들어낸다. 이는 단순한 기술 혁신이 아니라 인간의 인식 구조와 경험 방식이 재편되는 문명적 전환점이다. 공간 컴퓨터를 얼굴에 쓰는 순간, 우리는 더 이상 화면을 바라보는 관찰자가 아니라 공간 속에서 살아가는 거주자가 된다. 눈앞의 방은 거대한 3D 캔버스로 변하고, 데이터는 공기처럼 흐르며, 인간과 AI는 하나의 공간에서 공존한다. 인간은 컴퓨터를 사용하는 존재에서 컴퓨터 안에서 살아가는 존재로 변모한다. 우리는 지금 인간 경험의 구조가 바뀌는 전환기에 서 있으며, 공간 컴퓨팅의 본질은 바로 이 통합된 현실에 있다.

현실 공간 위에 정보가 겹치고 가상의 세계가 현실의 일부처럼 작동하면서 우리가 움직이는 모든 공간은 데이터의 캔버스가 된다. 이 위에서 AI는 우리의 시선과 동작, 목소리와 맥락을 읽고 반응한다. 정보는 더 이상 클릭해 찾아야 하는 대상이 아니라 눈앞으로 스스로 다가오는 존재가 되며 현실은 고정된 무대가 아닌 살아 움직이는 데이터 생태계로 전환된다. 이러한 변화는 갑작스럽게 등장한 것이 아니다.

과거에도 수많은 기술이 화려하게 등장했다가 조용히 사라졌다. 준비되지 않은 혁신은 실패했고, 준비된 기술만이 세상을 바꾸었다. 성공한 기술에는 공통점이 있었다. 일상에 자연스럽게 스며드는 인간 중심의 단순함, 기술이 기술로 느껴지지 않는 직관적 경험, 그리고 사람을 향한 명확한 효용이 그것이다. 수많은 성공과 실패가 반복된 혁신의 현장에서 우리는 기술이 등장하고 확산되며 마침내 대중에게 선택받는 순간을 목격해왔다. 그리고 지금, 공간 컴퓨팅은 바로 그 문턱에 서 있다.

우리는 신기술과 신사업에 직접 뛰어들어 제품을 개발하고 사업화하며 얻은 경험을 바탕으로 미래를 보는 통찰을 정리하고자 했다. 이 책을 공저하는 과정에서 수많은 질문을 던지고 답을 찾는 치열한 논의를 이어갔다. "무엇이 빠르게 변하고 있는가?" 그리고 "무엇이 변하지 않을 것인가?"라는 질문을 중심에 두고, 변화의 본질을 탐구하고자 했다. 그 과정을 통해 서로 다른 경험이 만나 하나의 시각으로 정리되었다.

이 책은 단순한 기술 트렌드 분석서가 아니다. 변화의 본질과 방향을 읽고 기회를 선점하려는 리더들을 위한 전략서다. 우리는 지금 기술의 진화를 넘어 산업 재편과 패러다임 전환이라는 거대한 흐름 위에 서 있다. 새로운 컴퓨팅 플랫폼이 태동하는 이 시점에서 누군가는 질서를 재편할 것이고, 누군가는 무대 뒤로 밀려날 것이다.

공간 컴퓨팅과 공간지능은 이미 산업과 일상에 깊숙이 들어왔다. 이 거대한 변화의 파도 위에서 미래를 설계하려는 이들에게 이 책이 통찰과 방향을 제시할 것이다. AI는 언어의 시대를 넘어 공간의 시대를 열고 있다. 공간 컴퓨팅은 인간과 현실, 그리고 기계의 관계를 다시 정의하는 전환이다. 이제 우리의 공간은 반응하고, 대화하고, 함께 사고한다. 인간은 단순히 '보는 존재'를 넘어 '느끼고 행동하며 상호작용하는 존재'로 확장된다.

어릴 적 영화에서 보던 미래가 이제 손에 닿는 현실이 되었다. 이 책은 묻는다. "시간과 공간, 그리고 인간이 확장되는 미래에서 우리는 어떤 존재가 될 것인가?"

그 답은 지금 우리의 선택에 달려 있다. 확장된 공간 위에 어떤 이야기를 써 내려갈 것인지는 결국 우리의 몫이다. 기술은 인간을 대체하지 않는다.

기술은 인간을 확장한다. 확장된 우리는 이제 새로운 미래를 살 것이다.

차례

추천의 말   4
들어가며   상상, 현실의 문을 열다   9

1부
예고된 미래, 사각형의 틀을 깨고 나온 세상

1장   변화는 소리 없이 시작됐다
스마트폰 이후의 세상   18

2장   공간이 주인공이 되는 이유
PC와 폰을 넘어   30

3장   새로운 인터넷 환경
보이지 않는 컴퓨터   40

2부
공간 지능, 현실이 인터페이스가 되다

1장   안경 너머의 신세계
XR 기술 발전과 공간 컴퓨팅   74

2장   눈을 뜬 인공지능
AI로 한계를 돌파하다   80

3장   마우스와 터치가 사라진 자리에 남는 것들
인터페이스의 대전환   97

3부

거인들의 전쟁, 당신의 '시야'를 차지하려는 자들

1장 화면 밖으로 나온 빅테크 기업
일상이 운영체제가 되다   **104**

2장 공간 컴퓨팅 삼국지
누가 당신에게 최후의 글래스를 씌울 것인가?   **118**

4부

일상의 혁명, 어제의 상상이 오늘의 일상이 되다

1장 출근 없는 출근
거실이 오피스가 되고 안경이 개인 비서가 되는 삶   **148**

2장 공장이 말을 걸다
산업의 지도를 바꾸는 보이는 지능   **170**

3장 가짜가 아닌 진짜 같은 경험
게임 속으로 걸어 들어가는 시대   **176**

5부

새로운 인류, 확장된 미래를 만나다

1장 인류 역사의 거대한 도약
문자를 넘어 공간을 기록하는 존재들   **188**

2장 빛과 그림자
가짜와 진짜를 어떻게 구분할 것인가   **197**

3장 2035년의 일상 미리보기
시공간의 제약이 사라진 '슈퍼 개인'의 탄생   **208**

맺으며 시간, 공간 그리고 인간이 확장된다   **227**

1부

예고된 미래

사각형의 틀을 깨고 나온 세상

변화는 소리 없이 시작됐다
스마트폰 이후의 세상

2023년 6월, 애플 개발자 대회 무대에서 팀 쿡의 발표가 끝나갈 무렵, 여느 때와는 다른 분위기가 감돌았다. 이미 준비된 결론을 향해 차분히 나아가던 발표가 갑자기 새로운 시대를 여는 선언처럼 느껴졌다.

스크린 위로 거대하고 낯선 기기의 이미지가 떠올랐다. 그리고 "Welcome to the era of spatial computing(공간 컴퓨팅의 시대에 오신 것을 환영합니다)"이라는 문구가 등장하는 순간, 전 세계 테크 애호가와 언론은 환호성을 질렀다. 스티브 잡스로부터 CEO를 이어받은 지 12년 만에 완전히 새로운 개념의 디바이스를 발표한 것이다.

애플의 웨어러블 디바이스 '애플 비전 프로'

◀ 컴퓨팅 질서를 혁신할 기기의 등장 ▶

애플 비전 프로라 불리는 이 웨어러블 디바이스는 스마트폰, PC, 태블릿 등 평면 화면에 의존하던 컴퓨팅 질서를 정면으로 뒤집었다. 이 기기는 현실 공간 위에 디지털 정보를 자연스럽게 겹쳐 보여주고, 사용자가 공간 자체와 상호작용하도록 설계되었다. 애플은 이를 '공간 컴퓨터'라는 새로운 개념으로 규정했다.

그러나 이러한 변화는 애플 혼자만의 도전이 아니다. 메타는 2014년 오큘러스 인수 후 10년 이상 막대한 자본과 인력을 투입해 공간 기술에 베팅해왔다. 구글은 2024년 Android XR 플랫폼을 발표하며 삼성, 퀄컴과 협력해 본격적으로 시장에 재진입했다. 중국의 샤오미, 오포, 화웨이까지 가세하며, 전 세계 주요 빅테크 기업이 동일한 방향을 향해 움직이고 있다.

이 흐름은 단순한 신제품 경쟁이 아니다. 컴퓨팅 플랫폼의 전환, 그리고 인간과 기술의 접점이 이동하고 있다는 뜻이다. 그렇다면 공간 컴퓨팅은 어디에서 비롯되었을까? 이 변화는 갑작스러운 발명이 아니다. 인터넷과 스마트폰, 인공지능AI, Artificial Intelligence으로 이어진 기술 혁신의 연장선 위에 등장한 필연적 결과다.

◀ 혁명은 조용히 시작된다 ▶

인류 문명을 바꾼 거대한 변화는 종종 누구도 예상치 못한 아주 작은 순간에서 시작된다. 1969년 10월 29일 밤, UCLA 연구실의 형광등 아래에서 역사가 만들어지고 있었다. 레너드 클라인록 교수의 연구팀은 스탠퍼드 연구소에 'LOGIN'이라는 단어를 전송하려 했다.

실패한 실험처럼 보였던 이 순간, 그 누구도 이 초라한 신호가 인류 문명을 송두리째 바꿀 혁명의 시작이 될 줄은 알지 못했다. 이것이 바로 오늘날 우리가 매 순간 의존하는 인터넷의 최초 신호였다. 역사적으로 인류의 삶을 뒤바꾼 기술 혁명은 대부분 이처럼 작은 시도에서 시작되었다. 화려한 발표회나 언론의 주목 없이, 소수의 연구자들이 진행하는 작은 실험 속에서 조용히 태어나는 것이다. 그렇게 탄생한 기술은 오랜 시간 동안 대중의 일상과는 거리가 먼 실험실과 연구소에 머문다. 하지만 변화의 씨앗이 일단 싹을 틔우면 그 성장 속도는 상상을 초월한다. 어느 임계점을 넘어서는 순간, 그 기술은 사회의 모든 틈새로 스며들어 누구도 되돌릴 수 없는 거대한 물결을 만들어낸다.

인터넷의 뿌리는 1960년대 미국 국방부 산하 고등연구계획국 ARPA, Advanced Research Projects Agency의 프로젝트로 거슬러 올라간다. 초기 형태인 알파넷ARPANET, Advanced Research Projects Agency Network은 군사 기관과 일부 대학 연구소만 접근할 수 있는 폐쇄적 네트워크였다. 전송 속도는 매우 느렸고, 주고받을 수 있는 데이터는 단순한 텍스트가 전부였기에 대중은 그 존재조차 몰랐다.

변화의 기점은 1989년 유럽 입자 물리 연구소의 물리학자 팀 버너스리가 등장하면서 마련되었다. 그는 연구자들이 정보를 더욱 쉽게 공유할 방법을 고민한 끝에 '월드 와이드 웹WWW, World Wide Web'이라는 혁신적 개념을 제안했다. 이를 바탕으로 1991년 최초의 웹사이트가 탄생했다. 이로써 인터넷은 단순한 통신망을 넘어, 누구나 정보에 접근하고 자신만의 웹사이트를 만들며 지식을 자유롭게 공유할 수 있는 개방형 플랫폼으로 진화하기 시작했다.

그럼에도 불구하고 세상은 인터넷의 잠재력을 인정하지 않았다. 1995년 《뉴스위크》는 이렇게 단언했다. "어떤 온라인 데이터베이스도 신문을 대체하는 일은 없을 것이다." 당시 상황에서는 일견 합리적인 예측이었다. 하지만 이것이 얼마나 근시안적이었는지는 금방 드러났다. 바로 그 시기에 개인용 컴퓨터인 PC가 각 가정으로 빠르게 보급되면서 인터넷이 실험실을 벗어나 일반인의 책상 위로 올라서는 진정한 혁명의 서막이 올랐기 때문이다. 가정으로 들어온 인터넷은 지난 수천 년간 인류가 유지해온 삶의 방식을 불과 한 세대 만에 근본적으로 바꾸어놓았다. 2000년대에 접어들면서 우리 사회의 모든 것이 재편되기 시작했다. 편지는 이메일로 대체되었고, 두꺼운 백과사전은 검색창 하나로 압축되었다. 쇼핑의 공간은 백화점에서 온라인 쇼핑몰로 옮겨 갔고, 인터넷 포털은 전 세계의 소식을 실시간으로 전달하는 뉴스 허브가 되었다. 소셜 네트워크 서비스는 사람들이 관계를 맺고 유지하는 방식 자체를 완전히 바꾸었다.

산업 구조 역시 거대한 지각변동을 겪었다. TV와 라디오가 지배하던 미디어 생태계는 유튜브와 넷플릭스 같은 인터넷 기반 플랫폼 중심으로 완전히 재구성되었다. 기업들은 급변하는 시장에서 살아남기 위해 앞다투어 디지털 전환에 나섰으며, 개인은 인터넷을 통해 과거에는 상상할 수 없던 새로운 형태의 커뮤니티 문화를 창조했다. 숫자는 이 변화의 규모를 명확히 보여준다. 1995년 전 세계 인터넷 사용자 비율은 겨우 0.4%에 불과했다. 그러나 2025년 현재, 전 세계 인구의 3분의 2가 인터넷을 사용한다. 이는 불과 30년 만에 인류를 하나의 거대한 네트워크로 연결하는 글로벌 인프라가 완성되었음을 의미한다.

여기서 우리가 놓치지 말아야 할 핵심이 있다. 인터넷이 세상을 바꾼 원동력은 기술의 우월성에 있지 않다. 인터넷은 세상에 없던 정보를 새롭게 만든 기술이 아니었다. 정보는 이전에도 도서관의 책, 신문, 방송 등 다양한 형태로 존재했다. 인터넷의 진정한 위대함은 이미 존재하던 정보에 사람들이 '접근하고 활용하는 방식'을 혁명적으로 바꾸었다는 데 있다. 결국 기술은 인간의 삶과 만나는 새로운 접점을 창조하고, 그 지점에서 사회 전체의 구조를 뒤흔드는 강력한 변화의 동력이 생겨났다. 이것이 우리가 모든 기술 혁명에서 기억해야 할 가장 중요한 교훈이다. 세상을 바꾸는 것은 기술이 아니다. 기술이 인간의 삶과 관계를 맺는 방식에 변화가 생기면 세상이 바뀐다.

◀ 스마트폰 이후, 다음 물결이 온다 ▶

손안의 작은 기기 하나로 전 세계와 실시간으로 연결되는 시대가 되었다. 이를 가능하게 한 것이 스마트폰이다. 스마트폰으로 우리는 언제 어디서든 소통하고, 방대한 정보를 검색하며, 복잡한 업무까지 처리한다. 쇼핑과 영상 감상, 금융 거래 역시 하나의 기기 안에서 이루어진다. 스마트폰은 인간과 디지털 세계의 접점을 근본적으로 재구성했고, 또 한 번의 전환을 이끌어냈다.

스마트폰은 단순한 전화기가 아니다. 모바일 인터넷 시대의 핵심 플랫폼이자, 일상을 구조적으로 재편한 '손안의 컴퓨터'다. 스마트폰의 역사는 생각보다 길다. 1994년 IBM이 출시한 '사이먼'은 터치스크린과 이메일, 팩스 전송 기능까지 갖춘 최초의 스마트폰이었다. 하지만 높은 가격과 방대한 크기, 불편한 사용성을 넘지 못하고 상업적 성공을 이루지 못한 채 사라졌다. 이후 블랙베리, 팜파일럿 같은 기기가 등장해 이메일과 일정 관리 기능으로 주목받았지만, 여전히 전문가용 도구에 가까웠다.

진짜 전환점은 2007년이었다. 스티브 잡스가 아이폰을 공개한 순간, 모바일 기술은 완전히 다른 국면에 들어섰다. 발표 현장은 열광했지만 업계의 반응은 냉담했다. 당시 마이크로소프트 CEO였던 스티브 발머는 "500달러짜리 전화기가 의미 있는 시장 점유율을 차지할 가능성은 전혀 없다"라고 단언했다. 노키아와 블랙베리역시 아이폰을 심각한 위협으로 보지 않았다. 하지만 결과는 정반대였다.

애플은 스마트폰의 정의를 완전히 새로 썼다. 멀티터치 스크린은 손가락 하나로 화면을 자유자재로 확대, 축소, 스크롤할 수 있게 하였다. 즉 완전한 웹 브라우징 사용자 경험으로 손안에서 PC와 동일한 인터넷 환경을 제공했다. 별도의 설명서가 필요 없을 정도로 직관적인 인터페이스 덕분에 누구나 쉽게 사용할 수 있었다는 것이 가장 큰 장점이었다. 기존 휴대전화와 개인용 정보단말기 PDA, Personal Digital Assistant 는 단숨에 구시대의 유물이 되었다.

하지만 진짜 혁신은 따로 있었다. 2008년 7월 문을 연 앱스토어는 무한한 확장성을 제공한 개방형 플랫폼이었다. 누구나 자유롭게 애플리케이션을 개발하고 배포할 수 있었다. 전 세계 게임 개발자, 생산성 도구 제작자, 교육 콘텐츠 크리에이터가 자신의 아이디어를 앱으로 구현해 글로벌 사용자에게 선보였다. 스마트폰은 사용자의 필요에 따라 카메라, 게임기, 지갑, 운동 코치 등 무엇으로든 변신할 수 있는 플랫폼으로 진화했다.

구글의 안드로이드가 이 흐름을 가속했다. 구글은 안드로이드라는 오픈소스(소스 코드가 공개된 소프트웨어) 운영체제를 무료 배포하기 시작했다. 삼성, LG, HTC 등 전 세계 제조사가 안드로이드를 채택하면서 다양한 가격대의 스마트폰이 시장에 쏟아졌다. 구글 플레이 스토어 역시 글로벌 앱 생태계의 또 다른 축으로 성장했다. 스마트폰 보급은 폭발했고, 2010년대 중반엔 전 세계적인 생활필수품이 되었다. 현재 전 세계 인터넷 트래픽의 60% 이상이 모바일을 통해 발생한다. 인터넷 이용의 중심축이 PC에서 고바일로 이동한 것이다.

스마트폰의 영향력은 하드웨어 통합을 넘어 산업 전반으로 확장되었다. 카메라, 음악 플레이어, 내비게이션, 영상 기기를 하나로 묶는 것은 시작에 불과했다. 미디어 산업은 신문과 방송에서 유튜브, 넷플릭스 같은 스트리밍 플랫폼 중심으로 재편되었다. 교통 산업은 우버, 카카오 택시 같은 앱 기반 서비스로 변모했다. 금융 산업에선 모바일 뱅킹과 간편 결제가 확산하며 현금 없는 사회로 빠르게 이동했다. 또한 소셜 네트워크는 사람들의 연결 방식을 바꾸며 완전히 새로운 커뮤니티 문화를 만들어냈다.

스마트폰은 개인의 소통과 정보 소비 패턴을 바꾸는 데 그치지 않았다. 새로운 산업과 비즈니스 모델을 창출하며 사회 전체에 연쇄적 변화를 일으켰다. 손안의 작은 기기는 이제 우리 생활을 지탱하는 거대한 플랫폼이 되었다.

<h2 style="text-align:center">◖ AI는 이미 당신 곁에 있다 ◗</h2>

오늘날 우리 시대의 중심엔 AI라는 또 다른 조용한 혁명이 자리 잡고 있다. 인공지능은 더 이상 막연한 미래의 기술이 아니다.

AI는 아침에 눈을 뜨는 순간부터 잠자리에 들 때까지 우리 생활 곳곳에 깊숙이 스며들어 일상의 일부가 되었다. 처음엔 전문가들만 주목하는 특정 분야로 여겨졌다. 하지만 지금은 완전히 다르다. 인공지능은 손안의 스마트폰, 집안의 전자기기, 자동차는 물론 일터와 배움의 공간까지 전방위로 확장되고 있다. 아침에 일어나 "헤이 구글"이나 "시리야"와 같은 음성 비서(인공지능을 기반으로 사용자의 음성 명령을 처리하는 소프트웨어)를 호출해 날씨를 묻고, 뉴스를 확인하며, 궁금한 점을 질문하는 것이 지극히 자연스러운 일상이 되었다.

간단한 대화 속에서 AI는 놀라운 작업을 수행한다. 사용자의 목소리를 정확히 인식하고, 언어의 의미를 이해하며, 방대한 데이터에서 필요한 정보를 찾아낸 뒤 그 결과를 음성으로 합성해 전달한다. 이 모든 복잡한 과정이 불과 몇 초 만에 처리된다.

스마트폰으로 사진을 찍을 때도 마찬가지다. 인물 사진 모드는 사람을 자동으로 인식해 초점을 맞추고 배경을 흐릿하게 처리한다. 갤럭시의 'AI 지우개'나 아이폰의 '클린업' 기능은 사진 속 불필요한 인물이나 사물을 몇 번의 터치로 감쪽같이 제거한다. 구글 나노 바나나와 같은 AI의 등장으로 전문가용 편집 소프트웨어 없이도 누구나 수준 높은 사진 편집이 가능해진 것이다.

AI는 여가, 쇼핑, 이동 등 일상의 모든 영역에서 개인화된 경험을 제공하며 삶의 질을 높이고 있다. 넷플릭스나 유튜브 같은 플랫폼은 시청 기록, '좋아요' 표시, 시청 시간을 분석해 개인의 취향을 정확히 파악하고 그에 맞는 콘텐츠를 추천한다. 덕분에 우리는 정보의 홍수 속에서 헤매지 않고 자신이 좋아할 만한 영화나 영상을 손쉽게 발견할 수 있다.

온라인 쇼핑에서도 AI는 똑똑한 '쇼핑 도우미'가 되었다. 과거 구매 이력이나 검색 기록을 바탕으로 맞춤형 상품을 제안하고, 이미지 검색으로 비슷한 스타일의 제품을 찾아준다. 결제 과정에선 얼굴이나 지문 인식 기술로 빠르고 안전한 처리를 지원하며, 궁금한 점이 생기면 챗봇이 24시간 즉각 응답한다.

외출할 때 사용하는 내비게이션 앱도 단순한 길 안내를 넘어섰다. AI는 실시간 교통 상황을 분석해 가장 빠른 경로를 제시하고, 돌발 사고나 정체 구간까지 고려해 예상 도착 시간을 정밀하게 예측한다. 구글 번역기나 파파고 같은 AI 번역기는 언어의 장벽을 허물어 외국어를 몰라도 해외여행을 두려움 없이 즐길 수 있게 만들었다. 인공지능은 이렇게 더 넓은 세상을 경험할 기회를 열어준다.

최근 큰 주목을 받는 생성형 AI(기존 데이터를 학습하여 새로운 콘텐츠를 만드는 인공지능)는 일상의 고민을 나누는 상담사가 되거나 창작 활동을 돕는 파트너가 되기도 한다. 아이디어가 막혔을 때 영감을 주고, 간단한 요청만으로 멋진 그림을 그려내며, 심지어 감정을 묘사하는 것만으로 음악이나 영상을 만들어낸다.

의료와 연구 영역에서도 그 변화는 분명하다. 의료 현장에서 인공지능은 CT나 MRI 데이터를 분석해 진단을 보조한다. 스마트 워치와 헬스케어 앱은 수면 패턴, 심박수, 활동량을 분석해 건강 상태를 관리한다.

특히 ChatGPT(대규모 언어 모델 기반 대화형 인공지능 서비스)의 등장은 AI 기술 대중화의 결정적 계기가 되었다. 자연스러운 대화형 인터페이스가 구현되면서 AI는 더 이상 전문가나 연구소의 전유물이 아니게 되었다. 이제 누구나 손쉽게 대화하듯 인공지능을 활용해 문장을 작성하고, 코드를 짜고, 기획서를 만들며, 심지어 상담이나 예술 창작까지 함께하는 시대가 열렸다. AI는 우리가 숨 쉬고 생활하는 모든 순간에 함께하는 보편적 도구가 되고 있다.

인터넷, 스마트폰, AI로 이어진 거대한 기술 혁신의 흐름은 다음 단계에 대한 질문으로 자연스럽게 이어진다. 인터넷은 정보에 접근하는 방식을 근본적으로 바꾸었고, 스마트폰은 컴퓨팅 환경

을 손안으로 가져왔으며, AI는 인간과 기계의 상호작용을 혁신했
다. 그렇다면 이제 다음의 패러다임 전환은 무엇일까? 가장 유력한
것이 공간 컴퓨팅Spatial Computing 개념이다.

2장

공간이 주인공이 되는 이유
PC와 폰을 넘어

공간 컴퓨팅을 주목하는 이유

공간 컴퓨팅에 대한 논의는 "왜 지금인가"라는 질문에서 시작해야 한다. 이 기술을 처음 접하는 사람들은 과거에도 비슷한 시도가 있지 않았느냐고 묻곤 한다. 실제로 증강현실AR, Augmented Reality, 가상현실VR, Virtual Reality, 혼합현실MR, Mixed Reality은 수십 년 전부터 연구되어왔고, 여러 차례 주목받았다. 코로나19 팬데믹 시기엔 상황이 달랐다. 메타버스를 중심으로 공간 기술이 급속히 확산하며 강렬한 인상을 남겼다. 하지만 그 열기는 오래가지 못했다. 결국 많은 이들에게 공간 기술은 '아직 이르다'는 인식만 남았다. 그러니 '왜 지금 다시 공간 컴퓨팅을 이야기해야 하는가'라는 질문에 명확히 답하지 못한다면 이는 과거의 수많은 기술처럼 또 하나의 유행어로 소비될 뿐이다.

빅테크 기업들의 본격적인 참전

우선 빅테크 기업들이 움직이기 시작했다. 메타는 2014년 오큘러스 인수를 시작으로 10년 이상 막대한 자원을 투입해왔다. 2021년부터는 세계 1위 안경 제조사인 에실로룩소티카EssilorLuxottica와 협력하여 본격적인 AI 글래스 시대를 열고 있다. 메타는 AR기능보다 AI비서 기능을 핵심 가치로 내세우며 새로운 시장을 만들어가고 있다.

애플은 오랜 기간 축적한 역량을 바탕으로 2024년 애플 비전 프로를 출시하며 시장에 본격 진입했다. 애플은 AR이 스마트폰에 필적할 기회가 될 것으로 전망하고 있다.

구글은 2012년 구글 글래스를 통해 AR 시장에 도전했다. 이후 프로젝트 탱고와 데이드림 등 실험적인 시도를 이어갔으나, 시장에서 큰 성과를 거두지는 못했다. 최근에는 Android XR 플랫폼을 발표하며 퀄컴, 삼성, 링스, 소니와 협력하고 있다. 안경 브랜드와의 협업 역시 확대하고 있다.

이러한 빅테크 기업들의 움직임은 공간 컴퓨팅 시장의 잠재력을 수면 위로 끌어올리며 세 가지 중요한 변화를 만들고 있다.

첫 번째 변화는 그동안 공간 컴퓨팅 시장 성장의 가장 큰 걸림돌이었던 기술 장벽이 무너지기 시작했다는 점이다. 과거 공간 컴퓨팅이 빠르게 성장하지 못한 가장 큰 이유는 기술의 복잡성과 구현의 어려움 때문이었다. 하지만 이제 광학 기술, 센서, 디스플레이, 전용 칩과 같은 하드웨어와 인공지능 및 프로세싱 기술이 발전하면서 현실 공간을 인식하고 사용자의 움직임을 빠르게 반영하는 기술이 상용 가능한 수준에 이르고 있다.

ChatGPT로 촉발된 생성형 AIGenerative AI(학습 데이터를 기반으로 새로운 콘텐츠를 생성하는 인공지능)의 발전은 시나리오 제작의 혁신을 가져왔다. 나아가 AI 에이전트와의 결합을 통해 기존의 단순한 고객 경험을 넘어 복잡한 상호작용까지 가능하게 하였다. 또한 생성형 AI를 활용한 이미지, 3D 모델, 애니메이션 등 공간 컴퓨팅 콘텐츠 제작 기술이 발전하면서 디지털 콘텐츠 제작에 필요한 비용과 시간이 크게 줄고 있다.

5G 통신 기술의 발전 역시 고용량 데이터를 빠르게 전송할 수 있는 환경을 마련했다. 이는 고화질 데이터 처리를 통한 몰입감 향상은 물론, 지연 없는 원격 협업을 실현하는 기반이 된다. 이처럼 기존의 기술 장벽은 하드웨어와 AI의 발전으로 점차 허물어지고 있다.

산업 현장에서 증명되는 경제적 가치

두 번째 변화는 공간 컴퓨팅이 다양한 산업 영역에서 실질적인 경제적 가치를 창출하며 그 가능성을 입증하기 시작했다는 것이다. 제조, 엔지니어링, 교육, 훈련, 설계, 원격 협업, 국방 등 여러 엔터프라이즈(기업용) 영역에서 가시적인 성과가 나타나고 있다. 예를 들어, 록히드마틴은 가상으로 제품을 제작하고 시험하는 방식에 VR을 도입하여 약 1,000만 달러의 비용을 절감하는 효과를 거두었다.

포드 디자인팀은 원격 협업을 통해 내부 디자인 개발 프로세스를 몇 주에서 몇 시간 단위로 단축했다. 이를 통해 무려 약 3,350만 달러의 개발비를 절감할 수 있었다. 또한 산업 현장의 유지보수 작업에 AR 가이드를 활용하면 작업 시간을 줄이고 인적 오류를 최소화하는 등 실질적인 효율성 증대를 기대할 수 있다.

높아지는 사용자의 수용성

세 번째 변화는 기술에 대한 소비자의 거부감이 줄고 수용성이 점차 높아지고 있다는 점이다.

과거 공간 컴퓨팅 기기는 무거운 무게, 낯선 사용성, 실생활에서의 낮은 유용성, 높은 가격 때문에 대중이 쉽게 받아들이기 어려운 영역이었다. 특히 머리에 쓰는 디스플레이 장치인 헤드 마운티드 디스플레이HMD, Head-Mounted Display(머리에 착용하는 디스플레이 장치)는 한 번 사용해본 뒤 다시 찾지 않거나, 거추장스럽게 착용해야 한다는 점에서 거부감을 주었다.

플랫폼 전환의 역사: PC에서 공간 컴퓨팅까지

현재 출시되는 VR기기들도 여전히 다소 무겁지만 점차 가벼워
지고 있으며, 스마트글래스의 경우 더욱 가볍고 자연스러운 디자
인을 통해 고객의 거부감을 줄이고 있다. 비록 완벽한 몰입형 MR
기능을 제공하지는 않지만, 착용감과 디자인을 중요시한 메타의
레이벤 글래스는 200만 대 이상 판매되는 성과를 거두었다. 이는
고객이 스마트글래스를 통해 AI와 음성으로 상호작용하는 인터페
이스를 일상의 웨어러블 디바이스로 자연스럽게 받아들이고 있음
을 보여준다. 필요성과 편리함, 그리고 적정 가격이 사용의 불편함

을 뛰어넘는다면 시장은 본격적으로 열릴 것이다.

◀ PC에서 폰으로, 폰에서 안경으로 ▶

플랫폼 전환의 역사는 PC에서 시작되었다. 이 작은 기계가 인류의 생산성을 폭발시켰다. 손으로 하나하나 처리하던 작업이 자동화되었다. 몇 달 걸리던 일을 단 하루 만에 끝낼 수 있게 되었다. 수십 명의 식자공이 수십 일에 걸쳐 조판하던 출판 산업은 책상 위에서 작업하는 소수 인력으로 대체되었다. 엄청난 혁신이었다.

하지만 초기 PC는 그 한계가 명확했다. 무겁고 컸으며, 무엇보다 비쌌다. 책상 위에 고정되어 있었기에 이동이 불가능했다. 이 한계를 돌파하기 위해 PDA가 등장했다. 가볍고 휴대할 수 있었다. 하지만 작은 크기에 높은 성능을 집약하는 건 당시 기술로는 매우 어려운 도전이었다. 가격은 여전히 높았고, 성능은 제한적이었다. 그럼에도 PDA는 의미 있는 진전이었다. 이동 중에 일정을 관리하고 메모를 남기는 등 아날로그 수첩의 기능을 디지털로 옮기기 시작했다. 초기 PC 시장을 개척했던 애플, 마이크로소프트, IBM, 인텔 같은 기업들이 이 시대를 주도했고, 오늘날까지 기술 발전의 거인으로 남아 있다.

PC의 한계를 극복하려는 시도는 개인용 정보단말기의 등장을 이끌었고, 여기에 인터넷이라는 연결성이 더해지면서 진정한 혁명이 시작되었다. 사람들은 자리에 앉아서 지구 반대편과 소통하고, 이메일을 보내며, 원하는 정보를 검색할 수 있게 되었다. 인터넷을 통해 상품을 구매하고, 영상을 올리며 즐기는 시대가 열린 것이다. 인간은 그 어느 때보다 정보에서 강력한 힘을 가지게 되었고, 소수 권력자에게 집중되던 정보가 개인들로 확산되었다. 그리고 아마존, 구글, 유튜브, 페이스북, 네이버, 넷플릭스 같은 인터넷 기업들이 등장하면서 생산성, 효율성, 확장성의 혁명이 일어났다.

이후 등장한 모바일 기기는 PC와 인터넷이 가져온 변화를 뛰어넘는 파괴적 혁신을 일으켰고, 이는 스마트폰의 탄생으로 절정에 달했다. 연결성이 강화된 모바일 기기로 이제 우리는 언제 어디서든 실시간으로 소통할 수 있게 되었다. 삼성, 노키아, 모토로라, 화웨이 같은 기업들이 등장하며 수십억 대의 기기가 보급되는 대중화가 본격적으로 이루어졌다. 기술 발전은 연결을 유선에서 무선으로, 저속에서 초고속으로 진화시켰고, PC는 노트북, 태블릿으로 발전하며 이동성을 확보했다. 이로써 무선 컴퓨팅 시대가 활짝 열렸다.

상시 연결성이 모바일로 스며들며 마침내 스마트폰이 탄생했다. 상시 인터넷 접속이 가능해진 이 작은 기기는 수십 년 전 책상 위 PC보다 수백 배 강력한 힘을 보이며, 라이프스타일은 물론 전 산업과 문화를 송두리째 흔들었다. 출퇴근길 손안의 TV, 실시간 대화, 온라인 쇼핑, 택시와 음식 배달 서비스, 내비게이션, 게임, 소셜 네트워크까지, 스마트폰은 손 안의 컴퓨터이자 사람 신체의 일부가 되었다. 이후 카카오톡, 왓츠앱, 우버, 인스타그램, 토스 같은 수많은 기업이 연이어 등장하며 우리 삶의 중요한 일부로 자리 잡게 되었다.

이제 인류는 또 한 번의 새로운 전환점을 맞이하고 있다. 고도화된 인공지능, 기하급수적으로 발전하는 컴퓨팅 성능, 진화된 디스플레이, 그리고 새로운 사용자 경험이 웨어러블 기기에 적용되면서, 공간 컴퓨팅이라는 새로운 플랫폼의 시대가 열리고 있다.

책상 위 PC가 눈앞의 모든 것을 컴퓨터로 만드는 헤드셋 형태로, 스마트폰이 온몸에 입는 웨어러블 디바이스로 진화하면서 인류는 마침내 컴퓨터 안으로 들어가게 될 것이다. 필요한 때만 강력한 능력을 제공하던 컴퓨터가 이제 안면에 장착되어 이전에는 상상할 수 없던 몰입감과 확장성을 부여한다. 이는 물리적 공간의 제약을 완전히 없애는 새로운 시대의 시작을 예고한다.

스마트폰은 안경, 스마트워치를 비롯한 다양한 웨어러블 디바이스로 분해되어 우리 몸 전체에 입혀질 것이며, 그 중심에는 안경 형태의 스마트글래스가 자리할 가능성이 높다. 얼굴 위에 자연스럽게 걸쳐지는 스마트글래스는 개인화된 인공지능의 도움과 결합하여 개인의 생산성과 창작 능력을 극대화하고, 이른바 '슈퍼 개인'의 출현을 가능하게 할 것이다.

지금까지 인류가 디지털 세상을 경험하던 평면 디스플레이라는 작은 창이 사라지고, 디지털 정보가 물리적 현실 공간으로 확장되어 새로운 상호작용의 시대가 열린다.

이러한 시대에서 디지털 정보는 더 이상 화면 안에 갇혀 있지 않고 밖으로 나와 물리적 현실과 자연스럽게 융합된다. 벽은 거대한 영화 스크린이 되고, 회의실 테이블은 아이디어를 펼치는 캔버스로 변모한다. 우리를 둘러싼 모든 공간을 통해 디지털 정보를 보고, 처리하며, 조작할 수 있는 시대가 열리는 것이다. 기기를 몸에 입고 얼굴에 쓰는 순간, 우리 주위의 360도 모든 현실 공간은 무한한 디지털 세상과 소통하는 한계 없는 창이 되며, 결국 그 공간은 디지털 세상 그 자체가 될 것이다.

인류는 드디어 컴퓨터와 마주 보는 대신 컴퓨터 안에 들어가게 되며 그 세계의 중심에서 인류는 온몸으로 컴퓨터와 상호작용하게 된다. 이 과정에서 기존 세상에는 존재하지 않던 수많은 가능성과 새로운 주역들이 탄생할 것이다.

지금까지 빅테크의 본격적인 투자, 기술 장벽의 붕괴, 산업 현장에서의 경제적 가치 검증, 높아진 고객 수용도라는 공간 컴퓨팅 시대를 열 핵심 동인들을 살펴보았다. 하지만 정작 공간 컴퓨팅이 무엇인지에 대한 근본적 질문이 남아 있다.

이를 위해 이어지는 장에서는 AR, VR, MR과 이들을 포괄하는 확장현실_{XR, eXtended Reality}의 개념과 정의를 살펴볼 것이다. 이 용어들은 서로 어떻게 연결되어 있으며, 공간 컴퓨팅과 어떤 관계를 맺는가? 그 정의와 역사, 이론의 발달을 살펴보면 공간 컴퓨팅의 본질을 알 수 있다.

새로운 인터넷 환경
보이지 않는 컴퓨터

AR·VR·MR·XR이란 무엇인가?

증강현실(AR), 현실을 보강하는 기술

AR은 현실 세계 위에 가상의 객체나 정보를 겹쳐 보여주는 기술이다. 사용자는 실제 환경을 눈으로 보면서 동시에 컴퓨터가 생성한 가상 이미지를 경험하게 된다. 스마트폰 카메라나 증강현실 안경을 통해 구현되며, 현실 공간 위에 영상, 그래픽, 텍스트와 같은 디지털 정보가 실시간으로 중첩되어 표시된다. AR의 핵심 목적은 현실을 대체하는 것이 아니라, 현실에서의 경험을 더욱 풍부하게 보강하는 데 있다. 이러한 특성 덕분에 작업 효율성 증대, 교육, 엔터테인먼트 등 다양한 분야에서 새로운 가치를 창출한다. 공간 컴퓨팅 환경에서 AR은 단순한 시각 효과를 넘어, 현실을 강화하는 핵심 인터페이스로 작동하며 사용자의 실시간 공간 이해와 의사결정을 돕는 중요한 수단이 된다.

가상현실(VR), 완전히 새로운 세계로의 몰입

VR은 사용자를 인공적으로 구축된 3차원 가상 환경에 완전히 몰입시키는 기술을 의미한다. VR헤드셋은 사용자의 시야를 외부 세계와 물리적으로 차단하고, 모든 감각적 입력을 컴퓨터가 생성한 가상 세계의 정보로 대체한다. 이를 통해 사용자는 현실 환경에서 완전히 벗어나 오직 디지털로 구현된 공간 속에서 자유롭게 상호작용하거나 새로운 환경을 탐색할 수 있다. VR은 현실의 물리적 제약을 초월하여 새로운 경험을 가능하게 만들고, 복잡한 현실 요소를 제거함으로써 사용자가 콘텐츠에 온전히 집중할 수 있는 높은 몰입감을 제공한다. 공간 컴퓨팅의 맥락에서 VR은 단순한 몰입형 경험을 제공하는 것을 넘어, 현실 세계의 문제를 해결하기 위한 확장된 무대로 기능한다.

혼합현실(MR), 현실과 가상의 정교한 융합

MR은 현실과 가상이 정교하게 연결되어 상호작용하는 기술이다. AR이 현실을 바탕으로 가상 요소를 추가하고 VR이 현실을 완전히 대체한 가상 공간을 제공한다면, MR은 두 세계를 하나로 융합한다. AR 기기는 현실과 가상을 동시에 보여주지만, VR 기기는 현실을 가리고 오직 가상 세계만을 경험하도록 설계된다.

공간 컴퓨팅은 이 두 기술 중 하나를 선택하는 대신, 경계 없이 두 영역을 넘나들며 현실과 가상이 긴밀하게 연결되어 상호작용하는 환경을 지향하는데, 이것이 바로 MR의 핵심이다.

예를 들어, MR의 환경에서는 가상의 공이 현실의 공처럼 보일 뿐만 아니라, 그 공을 던지면 실제 책상에 부딪혀 튀어 오르는 것처럼 자연스럽게 반응한다. 이는 단순히 가상 객체를 현실 위에 '겹쳐 보이는' 수준을 넘어, 현실과 가상이 동일한 물리적, 공간적 규칙을 공유하며 하나의 통합된 장면으로 작동함을 의미한다.

확장현실(XR), 모든 현실 기술을 아우르는 상위 개념

XR은 AR, VR, MR을 모두 포괄하는 상위 개념이다. 현실과 가상을 연결하는 모든 기술 스펙트럼 전체를 통칭하는 용어가 XR이다. 디지털 경험이 현실과 얼마나 깊이 융합되는지에 따라 세부적으로 구분된다. 따라서 XR은 단순히 여러 기술을 하나로 묶는 용어에 그치지 않는다. 오히려 공간 컴퓨팅이라는 새로운 패러다임을 실제로 구현하는 핵심 기술의 집합체라고 할 수 있다. 즉, 공간 컴퓨팅이라는 거대한 비전을 실제로 작동시키는 기술적 토대가 바로 XR이다.

공간 컴퓨팅의 종합적 정의와 목표

공간 컴퓨팅은 물리적 세계와 디지털 세계의 경계를 허물어, 현실 공간 속에서 디지털 정보와 직접 상호작용할 수 있도록 만드는 포괄적인 기술과 경험을 지칭한다. 이는 현실에 존재하는 물리적 공간 및 객체의 정보와 긴밀하게 연결된 디지털 정보를 사용자에게 보여주고, 이를 직접 조작할 수 있게 하는 새로운 컴퓨팅 방식이다. 다시 말해, 집이나 거리, 사무실 등 일상적인 공간 어디에서든 가상의 정보나 콘텐츠가 현실과 자연스럽게 어우러져 나타나고, 사용자는 손짓이나 몸짓 같은 직관적인 동작으로 이를 제어할 수 있다. 예를 들어, 애플 비전 프로와 같은 헤드셋이나 스마트글래스를 착용하면 눈앞에 가상의 객체나 사용자 환경(인터페이스)이 나타나며, 사용자는 이를 실제 손으로 만지는 것처럼 조작하여 움직일 수 있다. 더 나아가 책상 위에 떠 있는 가상의 버튼을 누르면 가상 객체뿐 아니라, 현실 세계의 스마트 조명이나 스피커 같은 기기까지 연동하여 제어하는 것이 가능하다.

공간 컴퓨팅의 핵심은 단순히 현실 공간 위에 디지털 정보를 겹쳐 보여주거나, 현실과 가상 세계를 매끄럽게 연결하는 데 그치지 않는다. 궁극적으로는 현실의 상황적 맥락을 깊이 있게 이해하고, 그에 최적화된 방식으로 인간과 상호작용하는 것을 목표로 한다.

XR과 공간 컴퓨팅의 상관관계

공간 컴퓨팅이라는 거대한 패러다임을 실현하는 핵심적인 구현

수단이 바로 XR 기술이다. 공간 컴퓨팅은 AR, VR, MR 같은 XR 기술을 기반으로 한다. 여기에 센서, 카메라, AI, 네트워크, 컴퓨팅 기기 등이 유기적으로 결합하여 물리적 환경에 디지털 정보를 실시간으로 투영하고 상호작용하는 환경을 구축한다. AR, VR, MR은 본래 독립적인 기술로 발전해왔지만, 점차 MR의 형태로 수렴하며 공간 컴퓨팅이라는 더 큰 개념적 틀 안에서 통합되고 있다. 그 결과 사용자는 디지털 콘텐츠를 물리적 공간 속에서 훨씬 더 자연스럽고 직관적으로 경험하게 된다.

이들의 관계를 명확히 하면, XR은 공간 컴퓨팅을 위한 필수적인 도구이다. 현실을 증강하는 AR, 완전한 몰입감을 제공하는 VR, 이 둘을 융합하는 MR은 모두 공간 컴퓨팅이라는 목표를 실현하기 위한 구체적인 기술에 해당한다. 반면 공간 컴퓨팅은 XR 기술을 포괄하는 상위 개념으로, XR 기술에 인공지능, 센서, 네트워크 기술이 더해져 완성되는 하나의 거대한 플랫폼이다. 따라서 공간 컴퓨팅 환경은 단순히 XR 기기를 사용하는 차원을 넘어, 우리가 존재하는 공간 전체가 하나의 거대한 컴퓨터가 되는 것을 의미한다.

결국 물리 공간과 디지털 공간을 연결하려면 XR 기술은 필수적이다. 현실 위에 정보를 겹치고, 새로운 가상 세계를 창조하며, 이 둘을 완벽하게 융합하는 전 과정이 XR 기술을 통해 이루어지기 때문이다. 이처럼 물리적 공간과 디지털 공간의 경계를 허물고, 현실 위에 중첩된 디지털 공간에서 사람들이 상호작용하며 컴퓨터 자원에 자유롭게 접근하도록 만든 환경이 바로 공간 컴퓨팅이 지향하는 미래이다.

현재의 공간 기술을 이해하기 위해서는 그 원형이 된 초기 기기들의 발전 과정을 살펴볼 필요가 있다. 초기에 등장했던 실험적 장치들은 개념 증명 PoC, Proof of Concept(새로운 기술이나 아이디어가 실제로 실현 가능한지 검증하는 과정) 단계에 머물렀지만, 오늘날 XR 기기의 중요한 토대를 마련했다.

◀ 초기 실험과 개념의 정립 (1960-1980년대) ▶

1962년, 영화 촬영기사 모턴 헤일리그가 발명한 센소라마는 최초의 몰입형 장치 중 하나로 평가받는다. 사용자는 거대한 부스 형태의 기기 안에 들어가 3차원 컬러 영상, 입체 음향, 의자 진동, 심지어 향기까지 동시에 경험할 수 있었다. 센소라마는 단순히 '보는 것'에 그치지 않고 듣고, 느끼고, 냄새를 맡는 다중 감각적 경험을 제공함으로써 몰입형 미디어의 가능성을 처음 제시했다. 1968년, 유타 대학교의 컴퓨터 과학자 이반 서덜랜드는 세계 최초의 컴퓨터 기반 HMD를 개발했다. 이 장치는 너무 무거워 천장에 고정된 기계 팔에 매달아야 했으며, 그 위협적인 외관 때문에 '다모클레스의 검'이라는 별명이 붙었다. 기술적으로는 단순한 선으로 이루어진 와이어프레임 그래픽을 보여주는 조잡한 수준이었지만, 사용자의 머리가 움직이는 데에 따라 그래픽의 시점을 실시간으로 바꾸

센소라마, 다모클래스의 검

는 혁신적인 기능을 갖추고 있었다. 이는 오늘날 VR과 AR의 개념적 원형으로 평가받으며, HMD라는 개념을 최초로 확립했다는 점에서 큰 역사적 의의를 지닌다.

상업화를 향한 첫걸음 (1980-2010년대 초)

1980년대와 1990년대는 VR 기술의 상업화가 본격적으로 시도된 시기였으며, VPL 리서치 사의 아이폰EyePhone과 데이터글러브가 그 대표적인 사례이다. 이 시기를 거치며 VR 기술은 실험실을 벗어나 대중에게 한 걸음 더 다가가기 시작했다. VPL 리서치는 VR 개념을 실제 상용 제품으로 구현하려는 첫 시도를 통해 VR 생태계의 기본 구조를 정립했다.

'가상현실'이라는 용어를 대중화한 제이런 레니어가 설립한 이

회사는 HMD인 '아이폰'과 손의 움직임을 추적하는 '데이터글러브' 같은 상업용 VR 제품을 세계 최초로 출시했다.

당시 시스템은 현재의 기준으로 볼 때 원시적인 수준이었지만, HMD, 입력 장치, 그리고 가상 환경으로 구성된 오늘날 VR 생태계의 기본 구조를 형성하는 데 결정적인 역할을 했다.

이는 추상적인 개념을 구현 가능한 제품으로 전환하려 했던 최초의 의미 있는 시도였다는 점에서 핵심적인 의의를 가진다. 반면 1995년 닌텐도가 출시한 버추얼 보이는 VR 대중화가 마주한 기술적 장벽을 명확히 보여준 상징적 실패로 남았다.

179.99달러라는 비교적 낮은 가격으로 출시되었음에도 시장의 반응은 극도로 냉담했다. 저해상도의 적색 단색 디스플레이가 유발하는 극심한 눈의 피로, 2.2kg에 달하는 무거운 무게, 전반적으로 불편한 사용성 등 여러 문제가 복합적으로 작용한 결과였다. 결국 전 세계 판매량은 약 77만 대에 그쳤다. 이 실패는 단순히 하나의 제품이 실패한 것을 넘어, VR 기술이 극복해야 할 디스플레이 품질, 인체공학적 설계, 콘텐츠, 사용자 경험 UX의 장벽이 얼마나 높은지를 증명했다. 동시에 기술의 완성도와 사용자 경험이 시장의 성패를 결정적으로 좌우한다는 중요한 교훈을 남겼다.

모바일 혁명과 증강현실의 대중화 (2010년대)

2010년대에 들어 스마트폰의 폭발적인 보급은 공간 컴퓨팅 기술 발전에 결정적인 전환점을 마련했다. 고성능 카메라, 정밀 센서, 강력한 그래픽 처리 장치GPU, Graphics Processing Unit가 손바닥만 한 단일 기기 안에 집약되면서 공간 기술은 완전히 다른 국면을 맞이했다. 이러한 기술적 토양 위에서 모바일 AR이 빠르게 확산되었으며, 당시 등장한 다양한 AR 플랫폼과 애플리케이션들은 공간 인식 기술이 비록 제한적이지만 실생활에 충분히 적용될 수 있음을 증명했다.

특히 이 시기에 MR 개념이 본격적으로 부상한 것은 매우 큰 의미를 가진다. 이는 기술의 발전 방향이 단순히 현실 위에 정보를 겹쳐 보여주는 것을 넘어, 현실 세계와 가상 정보가 의미 있는 방식으로 상호작용하는 더 높은 단계로 나아가고 있음을 명확히 제시했다. 하지만 불편한 기기 착용, 짧은 배터리 수명, 과도한 연산으로 인한 발열 등 본질적 한계는 다음 세대가 해결해야 할 과제로 남았다.

이러한 기술적 토대 위에서 2016년 출시된 '포켓몬 고'는 AR의 가능성을 전 세계 대중에게 각인시킨 사건이 되었다. 스마트폰의 보급은 위성 위치 확인 시스템GPS, Global Positioning System과 나침반 센서를 기반으로 한 위치 정보 서비스를 대중화시켰고, 사용자들은 더 이상 특별한 장비 없이 스마트폰 카메라만으로 AR을 손쉽게 경

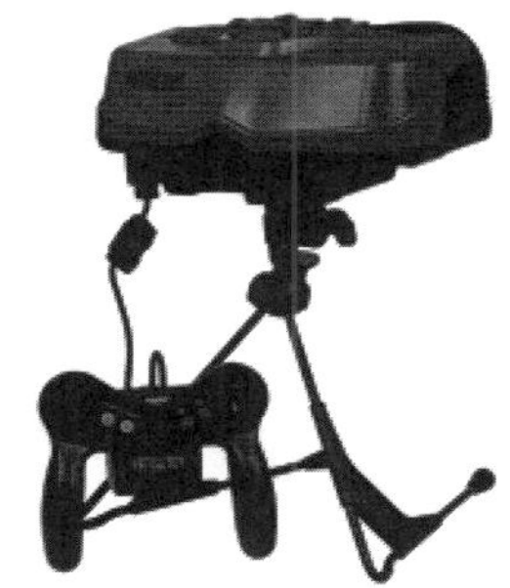

아이폰과 버추얼 보이

험할 수 있게 되었다. 물론 초기 스마트폰은 센서 오류가 잦았고 실행 중 발생하는 발열로 앱이 강제 종료되는 등 기술적 한계도 분명했지만, 그 가능성은 충분히 입증되었다.

2016년 나이언틱이 출시한 포켓몬 고는 전 세계적인 열풍을 일으켰고, 수많은 사람이 거리로 나와 스마트폰을 들고 포켓몬을 잡았다. 물리적 공간에서 가상의 존재를 '발견하고 상호작용한다'는 새로운 경험은 현실과 디지털이 융합되는 AR의 잠재력을 대중의 뇌리에 깊이 새겼다. 이러한 대중적 성공은 기술 생태계의 발전을 촉진하여 2017년 애플의 ARKit와 구글의 ARCore가 등장하는 계기가 되었다. 개발자들은 안정적인 AR 앱 개발 플랫폼을 갖게 되었고, 이를 기반으로 AR 기술은 게임을 넘어 교육, 쇼핑, 인테리어 등 다양한 산업 분야로 빠르게 확산되었다.

구글 글래스

마이크로소프트 홀로렌즈

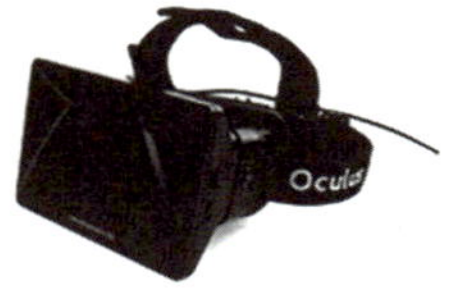

메타 오큘러스

◀ 공간 컴퓨팅 시대의 개막 (2019년-현재) ▶

2019년은 고성능 독립형 기기가 등장하며 XR 산업의 기술적 장벽을 낮추고 본격적인 대중화의 길을 연 원년으로 기록된다. 5세대 이동통신 5G의 상용화와 맞물려 몰입형 디바이스 시장에 대한 기대감이 커지던 시기였다. 같은 해 출시된 오큘러스 퀘스트는 외부 센서나 PC 연결 없이 단독으로 구동되는 독립형 VR 헤드셋 시대를 열었다. 이는 단순히 선이 없어진 것을 넘어 제품의 구조 자체가 근본적으로 달라진 변화였다.

기존 VR 장비는 고사양 PC나 콘솔 게임기에 전적으로 의존했기 때문에 복잡한 케이블 설치, 넓은 공간 확보, 높은 구매 비용, 어려운 사용법 등이 대중화의 큰 장벽으로 작용했다. 그러나 오큘러스 퀘스트는 기기 자체에 탑재된 카메라와 내부 센서를 이용해 사용자의 위치와 움직임을 추적하는 인사이드 아웃 트래킹inside-out tracking 기술을 채택하여 완벽한 독립형 구조를 구현했고, 이를 통해 비용과 사용자 경험을 획기적으로 개선했다. 또한 사용자가 가상 공간을 자유롭게 앞뒤, 좌우, 위아래로 이동하며 탐험할 수 있게 하는 6축 자유도6DoF, Six Degrees of Freedom를 완벽히 지원하고, 컨트롤러 없이 손의 움직임만으로 가상 객체를 조작하는 핸드 트래킹 기능을 제공하여 몰입감을 한 차원 더 높은 수준으로 끌어올렸다.

이러한 흐름을 주도한 메타는 막대한 투자를 통해 퀘스트 2를 성공시키며 XR 대중화의 확고한 기반을 마련했다. 메타는 2014년 오큘러스를 인수한 이후 지속적인 투자를 이어갔으며, 2021년 10월에는 회사명을 '페이스북'에서 '메타'로 변경하며 공간 컴퓨팅 중심의 기업으로 거듭나겠다는 비전을 전 세계에 선포했다. 2020년 출시된 메타 퀘스트 2는 압도적인 가격 경쟁력과 뛰어난 성능을 바탕으로 누적 판매량 2,000만 대를 돌파하는 대기록을 세우며 XR 대중화의 토대를 구축했다. 이는 판매량 이상의 의미를 지니는 성과였다.

탄탄한 사용자 기반이 형성되자 개발자 생태계가 자연스럽게 확장되었고, 이는 다시 양질의 콘텐츠 제작을 촉진하는 선순환 구조로 이어졌다. 이처럼 HMD의 등장을 통해 XR 시장의 저변은 본격적으로 넓어졌으며, VR은 더 이상 소수 얼리어답터만 즐기는 전유물이 아니게 되었다.

공간 컴퓨팅 경쟁의 본격화

2024년 애플 비전 프로의 등장은 '공간 컴퓨팅'이라는 새로운 패러다임을 전면에 내세우며 산업의 전환점을 예고했다. 애플은 이 기기를 통해 현실과 가상이 완벽하게 통합되는 경험을 제시했다. 초고해상도 마이크로 OLED 유기 발광 다이오드 디스플레이는 현실과 거의 구분하기 어려울 정도로 선명하고 생생한 이미지를 제공했으며, 팬케이크 렌즈(기존 렌즈보다 얇고 가볍게 만들 수 있는 광학 기술)를 채택하여 기기의 두께와 무게를 줄였다.

그러나 진정한 혁신은 인터페이스에서 비롯되었다. 애플은 사용자의 시선과 손 제스처를 정밀하게 결합한 지극히 직관적인 사용자 인터페이스를 선보였다. 사용자는 눈으로 원하는 대상을 보고 손가락으로 가볍게 탭하는 동작만으로 대부분의 조작을 수행할 수 있었다. 이는 별도의 컨트롤러나 복잡한 명령어 없이, 마치 현실 세계에서 물건을 만지듯 자연스럽게 디지털 정보를 다루는 새로운 상호작용의 기준을 제시한 것이었다.

애플의 혁신적인 도전에 맞서 메타는 대중화를 무기로 한 메타 퀘스트 3를 출시하며 시장 경쟁에 불을 붙였다. 메타 퀘스트 3는 뎁스 센서(사물과의 거리를 측정하여 공간을 입체적으로 인식하는 센서)를 도입하여 공간 인식의 정교함을 크게 향상시켰다. 또한 풀컬러 패스스루(헤드셋의 외부 카메라를 통해 현실 세계를 실시간으로 보는 기능)를 지원하여 가상 환경과 현실 공간의 전환을 매우 자연스럽게 만들었다. 가상 세계에 완전히 '갇히지 않고' 필요할 때 언제든 즉시 현실을 확인할 수 있다는 점은 사용자 경험 측면에서 큰 차이를 만들어냈다. 이후 메타는 가격 경쟁력을 더욱 높인 대중화 모델인 퀘스트 3S를 출시하며 전체 시장 점유율의 70% 이상을 차지하는 지배적인 사업자로 자리매김했다. 이는 애플 비전 프로 대비 10분의 1 수준에 불과한 압도적인 가격 경쟁력이 있었기에 가능했다.

이처럼 치열한 경쟁 속에서 공간 컴퓨팅 기술은 점차 실용적이고 접근 가능한 방향으로 빠르게 진화하고 있다. 물론 여전히 부족한 콘텐츠 생태계와 장시간 착용 시의 불편함 등 개선해야 할 과제는 남아 있다. 그러나 기술 발전의 방향성은 명확해졌다. 이제 퀄컴, 삼성과의 협력을 기반으로 한 구글의 Android XR 플랫폼이 차세대 기기의 등장을 예고하며 새로운 가능성을 제시하고 있다. 나아가 AI와 융합된 공간 컴퓨팅 기술은 단순히 공간에 정보를 띄우는 것을 넘어, AI가 사용자의 상황과 맥락을 이해하고 능동적으로 반응하는 진정한 지능형 공간 컴퓨팅 시대를 열고 있다.

컴퓨터 그래픽과 HMD 개념의 선구자, 이반 서덜랜드

오늘날의 공간 컴퓨팅 기술은 수십 년에 걸쳐 개념과 이론을 정립해온 학자들의 선구적인 연구에 그 철학적 토대를 두고 있다. 이들의 이론적 기여가 없었다면 현대의 공간 컴퓨팅 기술은 존재하기 어려웠을 것이다.

컴퓨터 그래픽의 아버지라 불리는 이반 서덜랜드는 1960년대 실험을 통해 컴퓨터가 인간의 시각을 증강시키는 최초의 순간을 구현했다. 컴퓨터 그래픽 분야의 대가였던 그는 머리에 씌우는 투박한 기계 장치를 통해, 단순한 선으로 이루어진 가상의 그래픽 객체를 현실 공간에서 보는 실험을 진행했다. 비록 기술적 완성도는 매우 낮았지만, 이는 컴퓨터가 역사상 처음으로 공간을 매개로 인간의 시각을 증강시킨 기념비적인 순간이었다. 이 실험은 컴퓨터가 대중화되어 생산성 혁명을 일으키기도 전에, 인간의 상상력이 이미 컴퓨터와 일체화되어 상호작용하는 미래를 꿈꾸고 있었음을 보여준다.

인공현실과 전신 인터페이스 개념, 마이런 크루거

1980년대 예술가이자 연구자였던 마이런 크루거는 '인공현실'이라는 개념으로 혁신적인 비전을 제시했다. 인간이 특수 장비 없이 몸 전체로 컴퓨터와 상호작용하는 세계였다. 그는 '비디오플레이스'라는 이름의 인공현실 실험을 진행했다. 관람자의 실루엣을 가상의 화면에 투영하고, 신체 움직임이 가상의 그래픽 객체와 실시간으로 상호작용하도록 설계한 것이다.

이 실험 속에서 인간은 더 이상 수동적인 관람자가 아니었다.

마이런 크루거의 '비디오플레이스' 인공현실 시스템

장갑이나 헬멧 같은 특수한 장비를 착용하지 않고도 몸 전체의 움직임만으로 컴퓨터와 소통하는 경험이 가능해졌다. 심지어 서로 다른 방에 있는 여러 명이 동일한 가상 공간에 자신의 실루엣을 투영하여 상호작용하는 시도도 이루어졌다. 크루거의 선구적인 연구는 훗날 VR, AR, 인터랙티브 아트, 그리고 자연스러운 사용자 인터페이스NUI, Natural User Interface 등 다양한 기술 분야의 중요한 이론적 토대가 되었다.

공간 컴퓨팅 용어의 현대적 정립, 사이먼 그린월드

이러한 선구자들의 연구를 바탕으로 2003년 사이먼 그린월드는 '공간 컴퓨팅'이라는 용어를 현대적으로 재정의하며 그 개념을 학문적으로 정립했다. 매사추세츠 공과대학교MIT 미디어 랩 소속이었던 그는 자신의 석사 논문에서 공간 컴퓨팅을 이렇게 정의했다.

'기계가 현실 세계의 객체와 공간을 인지하고, 이를 정보 처리
의 기반으로 삼아 인터페이스를 통해 인간과 상호작용하는 방식.'

이 정의는 서덜랜드와 크루거가 제시했던 개념적 기반 위에서
공간 컴퓨팅이라는 용어를 현대적 의미로 명확히 정립하고 대중적
으로 확산시키는 결정적인 계기가 되었다.

◀ NUI 이론의 발전 ▶

오늘날의 공간 컴퓨팅은 애플 비전 프로의 등장 이전에 이미 학
문적으로 오랜 기간 정립된 이론적 기반 위에서 구체화되었다. 그
핵심에는 자연스러운 NUI 개념이 자리 잡고 있다. 그리고 이에 대
한 논의는 1990년대 웨어러블 컴퓨팅의 선구자 스티브 만 등에 의
해 시작되었고, 2000년대 들어 마이크로소프트 같은 기술 기업
들이 차세대 비전으로 삼아 본격적으로 연구하고 개발하기 시작
했다.

특히 2008년, 마이크로소프트 서피스 컴퓨팅팀의 디자이너였
던 오거스트 데 로스 레예스는 중요한 화두를 던졌다. 컴퓨팅 인터
페이스가 문자 기반의 CLICommand Line Interface(명령어 라인 인터페이스)
에서 그래픽 기반의 GUIGraphical User Interface(그래픽 사용자 인터페이스)
로 전환된 것처럼, 이제는 NUI의 시대로 진화해야 한다는 내용이
었다. 이후 2010년 마이크로소프트 리서치의 빌 벅스턴이 인간이

이미 잘하는 행동을 디지털에서 제공하는 것이 중요하다는 NUI의 지닌 잠재력을 강조하는 영상을 공개하며 이 분야의 중요성을 다시 조명했다.

공간 컴퓨팅 플랫폼 핵심 요소

공간 컴퓨팅이 하나의 완성된 플랫폼으로 작동하기 위해서는 단일 기술이나 기기만으로는 충분하지 않다. 물리적 공간과 디지털 공간이 끊김 없이 연결되고, 그 위에서 사용자가 자연스럽게 상호작용하기 위해서는 하드웨어, 운영체제, 소프트웨어, 그리고 콘텐츠 생태계가 유기적으로 결합되어야 한다. 이는 기존 PC나 모바일 플랫폼과 유사한 구조처럼 보이지만 결정적 차이가 있다. '공간' 그 자체가 컴퓨팅의 핵심 무대가 된다는 것이다.

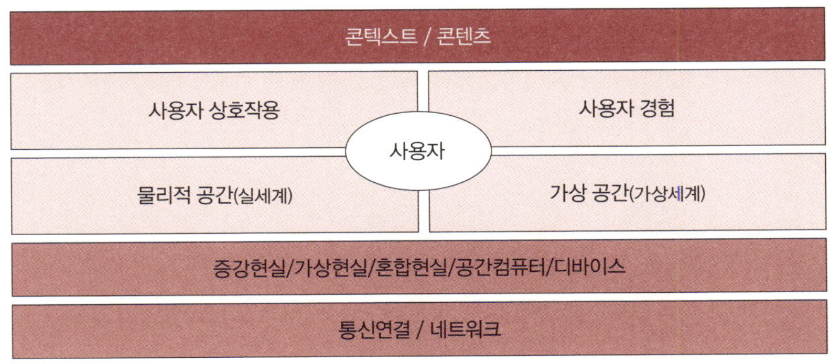

공간컴퓨팅 플랫폼 핵심 요소

하드웨어는 공간 컴퓨팅의 물리적 출발점이다. 현실 공간을 인식하고, 디지털 정보를 표현하며, 사용자의 입력을 처리한다. 기기는 현실 공간을 정확히 이해하고 그 위에 디지털 정보를 정교하게 배치하며, 사용자의 의도를 즉각적으로 받아들이는 역할을 수행한다. 이를 위해 다양한 센서가 동원된다.

뎁스 센서는 공간의 3차원 입체 구조를 파악하고, 스테레오 카메라는 현실 세계를 포착하여 공간 매핑(공간의 형태와 구조를 디지털 지도로 만드는 기술)에 필요한 기초 데이터를 제공한다. 관성 측정 장치는 머리 움직임을 정밀하게 추적하여 시점 변화를 자연스럽게 반영한다. 시선 추적 기술은 사용자가 현재 어디를 보고 있는지를 인식하여 인터페이스의 초점을 이동시킨다. 여기에 손의 위치와 제스처를 감지하는 핸드 트래킹 기술이 결합되면서, 사용자는 별도의 버튼이나 컨트롤러 없이도 직관적인 조작이 가능해진다.

정교하게 수집된 센서 데이터는 디스플레이를 통해 사용자에게 시각적으로 전달된다. 공간 컴퓨팅 기기의 디스플레이는 크게 두 가지 방식으로 나뉜다. 하나는 투명한 광학 렌즈를 통해 현실을 직접 보면서 디지털 정보를 겹쳐 보는 시스루See-through 방식이며, 다른 하나는 기기 외부의 카메라로 현실을 촬영한 뒤 이를 디지털 화면으로 재현해 보여주는 패스스루Pass-through 방식이다. 최근에는 초고해상도 마이크로 OLED(유기 발광 다이오드) 디스플레이 기술이 적용되면서 현실과 가상의 경계가 흐려질 만큼 뛰어난 시각적 품질이 구현되고 있다. 일부 진보한 기술은 홀로그래픽 디스플레이를 활용하여 마치 실제 공간에 떠 있는 듯한 완벽한 3D 이미지를 생성함으로써 디지털 객체의 존재감을 한층 더 강화한다.

이 모든 복잡한 데이터 처리는 고성능 프로세서에 의해 실시간으로 이루어진다. 공간 컴퓨팅 기기 내부에서는 고품질 3D 그래픽을 실시간으로 렌더링(컴퓨터 그래픽 데이터를 실제 이미지로 변환하는 과정)하는 GPU, 인공지능 연산을 전담하는 NPU, 그리고 공간 및 객체 인식을 담당하는 전용 프로세서가 유기적으로 협력한다. 이러한 프로세서들은 사용자의 미세한 시선 이동과 손짓, 주변 환경의 변화에 지연 없이 즉각 반응해야 하므로, 기존 모바일 기기보다 훨씬 높은 수준의 연산 효율성과 처리 속도가 요구된다.

공간을 제어하는 운영체제와 엔진, 소프트웨어

하드웨어 위에서는 공간 컴퓨팅에 최적화된 운영체제와 핵심 소프트웨어가 유기적으로 작동하여 전체 시스템을 제어한다. 애플의 비전 OS, 구글의 Android XR, 메타의 호라이즌 OS 같은 운영체제는 기존의 평면 화면 중심 인터페이스를 넘어선다. 3차원 공간 안에 여러 개의 창과 디지털 객체를 배치하고 관리하는 역할을 수행한다. 사용자는 작업 창을 현실의 벽에 고정하거나 허공에 띄워

두고 여러 작업을 동시에 처리할 수 있다.

이 과정에서 운영체제는 사용자의 프라이버시 보호와 데이터 권한 관리를 책임지는 중요한 기능도 담당한다. 기기가 현실 공간의 민감한 정보를 인식하는 만큼, 어떤 데이터가 수집되고 어떻게 활용되는지에 대한 엄격한 통제는 필수적이다.

소프트웨어 계층의 또 다른 핵심은 공간 인식 엔진이다. 대표적인 기술인 SLAM_{Simultaneous Localization and Mapping}은 기기가 사용자의 현재 위치를 추적함과 동시에 주변 공간의 3차원 지도를 실시간으로 생성하는 역할을 한다. 시스템은 바닥, 벽, 테이블 같은 평면을 정확하게 인식하고, 현실의 사물이 디지털 환경 속에서 올바른 위치와 관계를 갖도록 만든다. 여기에 객체 인식 기술이 더해지면 시스템은 한 단계 더 나아간다. 단순히 공간의 구조를 파악하는 것을 넘어 주변 사물이 무엇인지 식별하고 분류하여 사용자의 맥락에 맞는 더욱 정교한 상호작용을 제공할 수 있게 되는 것이다.

◀ 지능형 플랫폼으로의 도약, 인공지능 ▶

AI는 공간 컴퓨팅을 단순한 시각적 증강 기술에서 사용자의 맥락을 이해하고 능동적으로 반응하는 지능형 플랫폼으로 완성하는 핵심 요소다. AI가 없다면 공간 컴퓨팅은 단지 현실 위에 정보를 겹쳐 보여주는 수준에 머물 수밖에 없다. 하지만 AI가 결합되면 시스템은 비로소 사용자를 이해하고, 상황을 판단하며, 능동적으로 대응하는 진정한 지능형 환경으로 진화한다.

컴퓨터 비전 기술은 이러한 지능형 환경의 눈이자 뇌 역할을 한다. 카메라를 통해 들어오는 이미지와 영상을 실시간으로 분석하여 공간과 객체를 이해한다. 단순히 이미지를 인식하는 것을 넘어 공간의 구조를 파악하고, 사물의 종류를 분류하며, 사람의 행동과 제스처까지 해석한다. 예를 들어 사용자가 책상 앞에 앉으면 시스템은 책상을 인식하고, 그 위에 가상의 작업 화면을 자연스럽게 배치할 수 있다. 사용자가 손을 들어 특정 제스처를 취하면 그 의미를 해석하여 적절한 명령을 수행한다.

자연어 처리NLP, Natural Language Processing 기술은 사용자와 시스템 간의 자연스러운 대화를 가능하게 만드는 핵심 요소다. 사용자의 음성 명령을 정확하게 인식하고 수행하는 것은 물론, 문맥을 이해하고 의도를 파악하는 고도화된 기능을 제공한다. "거기 있는 그거 좀 보여줘"와 같은 모호한 명령도 현재 상황과 시선 방향, 이전 대화 맥락을 종합하여 정확히 해석할 수 있다. 이는 단순한 음성 인식을 넘어 진정한 대화형 인터페이스로의 진화를 의미한다.

여기에 사용자의 현재 위치, 시간, 행동 패턴 등을 종합적으로 분석하는 맥락 인식 기술이 결합되면 시스템은 한 단계 더 진화한다. 사용자가 처한 상황에 가장 적절한 정보를 예측하여 선제적으로 제공하는 단계로 발전하는 것이다. 아침 출근 시간에 집을 나서면 오늘의 일정과 교통 상황을 자동으로 보여주고, 회의실에 들어서면 관련 자료를 미리 준비해 띄워준다. 사용자가 명령하기 전에 필요한 것을 예측하여 제공하는 진정한 지능형 비서가 되는 것이다.

결국 AI는 공간 컴퓨팅을 수동적인 도구에서 능동적인 파트너로 변화시킨다. 사용자는 더 이상 기술을 조작하는 것이 아니라, 기술과 협력하며 공간 속에서 자연스럽게 상호작용하게 된다.

플랫폼의 완성, 애플리케이션과 콘텐츠 생태계

제스처 인식과 결합된 AI는 사용자의 의도를 해석하여 자연스러운 상호작용을 완성하며, 이를 기반으로 다양한 애플리케이션이 구동된다. 기업 환경에서는 원격 협업과 공간 공유 회의, 3D 설계 및 시뮬레이션, 몰입형 교육과 훈련, AR을 활용한 유지보수 가이드 등이 핵심적인 활용 사례로 자리 잡고 있다. 소비자 영역에서는 한층 더 실감 나는 게임과 엔터테인먼트, 공간을 매개로 한 소셜 커뮤니케이션, 가상 작업 공간, AR 쇼핑 경험 등이 점차 일상으로 스며들 것이다. 여기서 중요한 점은 이 모든 애플리케이션이 네모난 '화면 속' 세계가 아닌, 사용자가 실제로 서고 움직이는 물리적 공간 위에서 직접 작동한다는 사실이다.

궁극적으로 공간 컴퓨팅 플랫폼의 완성도를 결정하는 것은 풍부한 콘텐츠 생태계이다. 고품질 3D 모델과 애니메이션, 실제와 같은 공간 환경 데이터, 그리고 현실 세계와 긴밀하게 연동되는 공간 앱들이 충분히 공급될 때, 비로소 공간 컴퓨팅은 단순한 기술 시연을 넘어 일상적인 컴퓨팅 환경으로 자리 잡을 수 있다. 사용자들은 더 이상 하나의 기기를 사용하는 것이 아니라, 자신이 머무는 공간 전체를 하나의 거대한 인터페이스로 경험하게 된다. 결국 공간 컴퓨팅 플랫폼이란 하드웨어와 소프트웨어, 인공지능과 콘텐츠가 분리되지 않고 하나의 유기적인 흐름으로 연결된 총체적 구조이다. 이제 컴퓨터는 책상 위에 놓인 기계가 아니라, 우리가 살아가는 공간 그 자체로 확장되고 있다.

컴퓨터가 공기처럼 사라지는 시대

앰비언트 컴퓨팅Ambient Computing은 사용자가 특별히 인식하거나 조작하지 않아도 컴퓨팅 자원이 주변 환경에 자연스럽게 녹아들어 필요한 서비스를 자동으로 제공하는 개념이다. 이는 사물인터넷IoT, Internet of Things 시대를 거치며 더욱 구체화되었으며, 수많은 센서, 액추에이터(신호를 받아 물리적 움직임을 만드는 장치), 그리고 다양한 스마트 기기들이 인터넷을 통해 상호 연결된 끊김 없는 주변 환경 전체를 의미한다. 예를 들어 센서가 화재나 연기를 감지하여 자동으로 경보를 울리고 소화 시스템을 가동시키거나, 사용자의 퇴근 시간과 위치를 파악하여 미리 실내 온도와 조명을 조절하고 차고 문을 여는 것, 모두 앰비언트 컴퓨팅의 영역에 속한다.

공간 컴퓨팅은 이러한 앰비언트 컴퓨팅의 개념을 물리적 현실 세계와 가상의 디지털 세계를 연동하고 중첩시키는 방식으로 한 차원 더 확장한다. 앰비언트 컴퓨팅이 물리적 공간 안에서 사용자가 인지하지 못하는 '암묵적 상호작용'을 중심으로 한다면, 공간 컴퓨팅은 디지털 공간과 물리적 공간이 결합된 혼합 현실 속에서 암묵적 상호작용과 명시적 상호작용 모두를 포괄하는 개념으로 확장된다. 사용자가 AR이나 MR 기기를 착용하면, 현실의 물리 공간 위에 중첩된 디지털 가상 공간과의 연결이 만들어진다. 이를 통해 사용자는 디지털 객체를 실제 공간에 배치하고 직접 상호작용할 수 있으며, 다양한 형태의 3D 디지털 데이터를 가상 공간에 생성하고 조작하며 동적으로 변화시키는 것이 가능해진다.

◀ 인터넷이 공간 속으로 들어온다 ▶

인터넷은 단순한 기술의 집합체가 아니라, 인류의 상상력과 사회적 합의가 만들어낸 하나의 거대한 프로토콜이다. 기술 철학자이자 MIT 미디어 랩의 학장이었던 조이 이토는 "인터넷은 단순한 기술 스택이 아니다. 그것은 사회적 합의와 문화적 상상력이 만들어낸 프로토콜이다"라고 말했다. 인터넷의 시작은 전선을 따라 흐르는 미약한 전기 신호에 불과했지만, 곧 문서를 전송하는 통신망

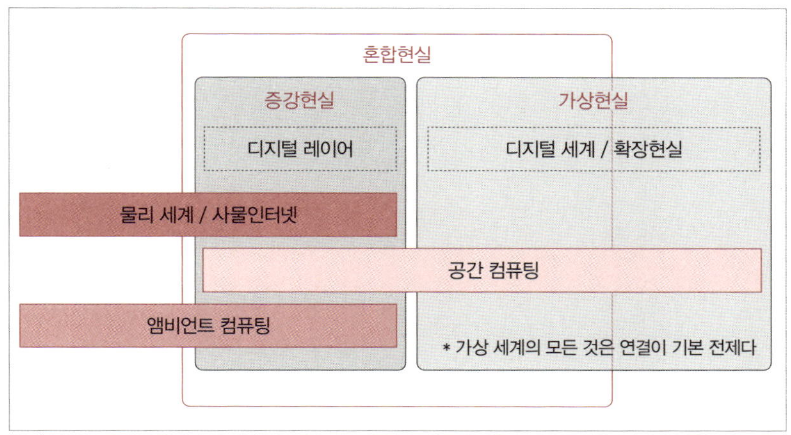

앰비언트 컴퓨팅과 공간 컴퓨팅

이 되었고, 이내 촘촘한 네트워크로 발전했다. 마침내 인터넷은 사람들의 생각과 언어가 실시간으로 교환되는 지구 규모의 거대한 플랫폼, 월드 와이드 웹으로 성장했다.

단방향 정보의 시대, 웹 1.0

웹의 시작은 사용자가 정적인 문서를 읽고 하이퍼링크를 따라 이동하는, 일방향적 경험이 중심이 되는 시대였다. 초기 웹에서 사용자는 브라우저 창에 나타난 글자를 읽고, 하이퍼링크를 클릭하며 여러 웹페이지를 탐색하는 수동적인 역할을 수행했다. 수많은 닷컴 기업과 개인 홈페이지가 등장했지만, 정보는 생산자에서 소비자로만 흐르는 구조였다.

참여와 플랫폼의 시대, 웹 2.0

2000년대 초반, 웹은 정보를 읽기만 하던 공간에서 누구나 콘텐츠를 생산하고 공유할 수 있는 '읽고 쓰는' 공간으로 진화하며 참여의 시대를 열었다. 블로그, 위키백과, 그리고 다양한 소셜 미디어가 등장하면서 모든 사용자가 콘텐츠의 생산자이자 소비자가 될 수 있게 되었다. 페이스북, 트위터, 유튜브 같은 거대 플랫폼들은 폭발적으로 성장하며 개인의 목소리를 세상에 증폭시키는 역할을 했다. 하지만 이러한 성장은 동시에 거대 플랫폼에 대한 높은 의존도를 낳았고, 사용자의 데이터는 중앙화된 서버에 집중되어 플랫폼 기업들이 막강한 권력을 갖게 되는 결과를 초래했다.

웹 3.0의 세 가지 방향성

차세대 인터넷으로 불리는 웹 3.0은 아직 명확한 정의를 갖추지 못한 진화 중인 개념이다. 하지만 크게 의미론적 웹, 탈중앙화 웹, 그리고 공간 웹이라는 세 가지 방향을 중심으로 논의가 펼쳐지고 있다.

첫 번째는 월드와이드웹의 창시자 팀 버너스 리가 제안했던 본래의 비전, '의미론적 웹'이다. 컴퓨터가 웹 콘텐츠의 단순한 구조를 넘어 그 의미까지 이해하고 처리할 수 있는 지능형 웹을 지향한다.

두 번째는 블록체인 기술을 기반으로 하는 '탈중앙화 웹'이다. 중앙화된 거대 플랫폼의 통제에서 벗어나 개인이 자신의 데이터를 직접 소유하고 통제하는 인터넷을 목표로 한다. 암호화폐, NFT, DAO 등이 이러한 맥락에서 등장한 개념들이다.

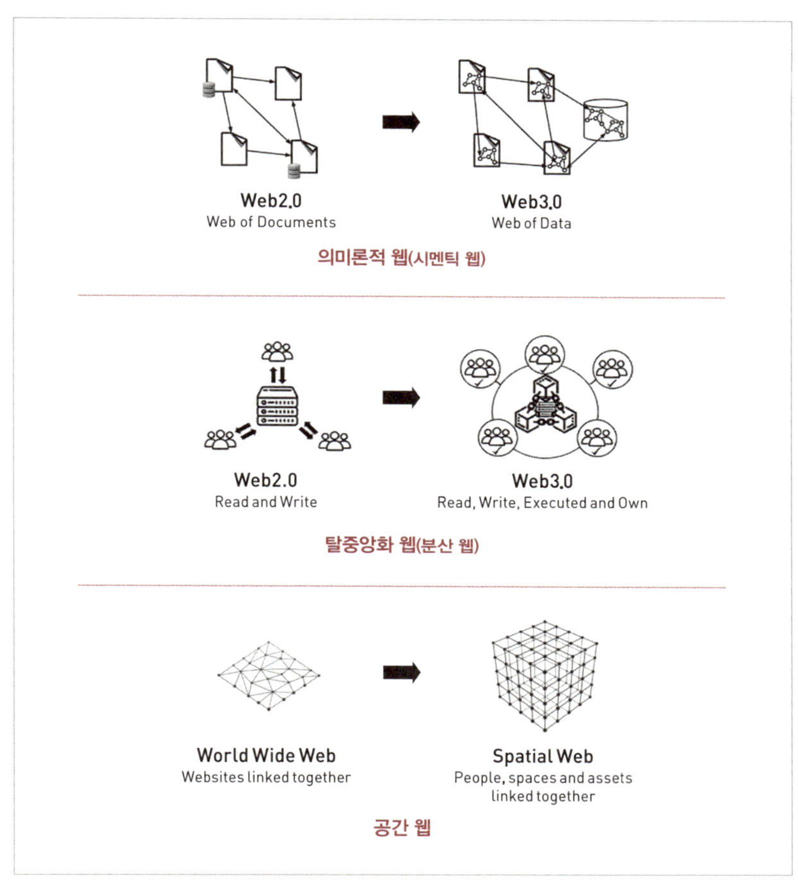

Web 3.0과 공간 웹 Spatial Web**의 개념**

세 번째는 '공간 웹'이다. 공간 컴퓨팅 기술이 구현하는 3차원 인터넷으로, 평면 화면의 한계를 넘어 현실 공간과 디지털 정보가 융합된 완전히 새로운 차원의 웹 경험을 의미한다.

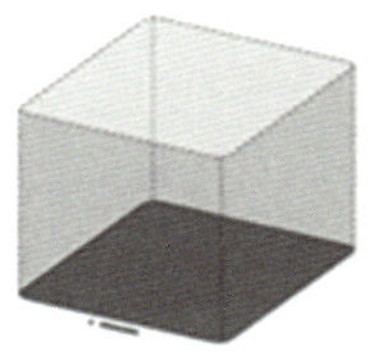
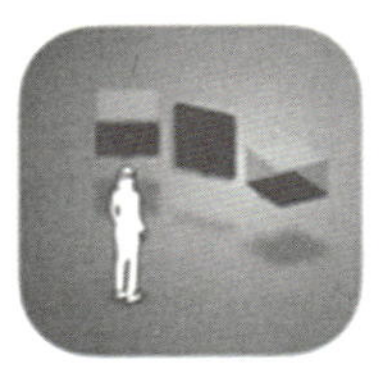

원도우 (평면 창)　　　　볼륨 (입체적 부피)　　　　스페이스 (전체 공간)

애플 비전 프로의 3가지 공간 모드

공간 인터넷의 특징

공간 인터넷은 단순히 3D 그래픽을 화면에 띄우는 것과는 차원이 다르다. 현실 공간의 맥락을 이해하고 그에 맞는 정보를 제공하는 지능형 환경으로서 네 가지 핵심 특징을 갖는다.

첫째, 위치 기반 특성이다. 사용자가 서 있는 위치에 따라 다른 정보를 제공한다. 박물관에 들어서면 눈앞의 작품에 대한 설명이 자동으로 나타난다. 식당 앞을 지나갈 때는 메뉴와 실시간 리뷰가 떠오른다. 공간 자체가 인터페이스가 되는 것이다.

둘째, 맥락 기반 특성이다. 시간, 날씨, 주변 사람들, 심지어 사용자의 개인 일정까지 종합적으로 고려하여 더욱 정교한 상호작용을 구현한다. 아침 출근길에는 오늘의 뉴스와 일정을 보여주고, 저녁 귀갓길에는 저녁 메뉴를 추천한다. 같은 장소라도 상황에 따라 완전히 다른 정보를 제공하는 것이 가능하다.

셋째, 공간 공유 특성이다. 같은 물리적 공간에 있는 여러 사용자가 동일한 디지털 객체를 함께 보고 상호작용할 수 있게 한다. 회의실에 모여 가상의 3D 모델을 함께 조작하거나, 거리에서 AR 예술 작품을 동시에 감상하는 경험이 가능해진다.

마지막으로 영속성이다. 사용자가 특정 공간에 남긴 디지털 객체나 정보가 사라지지 않고 계속 유지되는 특징이다. 집 거실에 배치한 가상의 디지털 액자는 다음에 그 장소를 방문했을 때에도 변함없이 그 자리에 존재한다. 디지털 정보가 물리적 공간에 뿌리내리는 것이다.

◀ 공간 브라우저 vs 메타버스 ▶

메타버스와 공간 인터넷은 혼동되기 쉬운데 이 둘은 근본적인 차이를 갖는다. 현실을 대체하는가, 아니면 증강하는가에 그 차이가 있다.

메타버스는 '세컨드 라이프', '로블록스', '포트나이트'처럼 완전히 새로운 가상 세계를 구축하여 사용자를 현실로부터 가상 공간으로 이동시키려는 시도다. 즉 현실 세계를 대체하는 것을 목표로 한다.

반면 공간 인터넷은 현실 공간 위에 디지털 정보의 층을 추가하여 현실을 증강하고 확장하는 개념이다. 사용자는 현실 공간에 머무르면서 디지털 정보와 자연스럽게 상호작용한다. AR 내비게이션, 공간 검색, 위치 기반 정보 서비스 등이 대표적인 예다.

메타버스는 공간을 대체하려 하고, 공간 인터넷은 공간을 해석하려 한다. 전자는 현실을 복제하지만, 후자는 현실과 공존하는 길을 택한다. 이때 '공간 브라우저'는 핵심적인 도구가 된다. 기존의 웹 브라우저가 평면적인 웹을 탐색하듯, 3차원 공간 인터넷을 탐색하는 역할을 한다. 사용자는 공간 브라우저를 통해 현실 세계 자체를 브라우징하며 그 공간에 연결된 무한한 디지털 정보에 접근하게 된다.

◀ 공간 인터넷 시대의 슈퍼앱 ▶

공간 인터넷 시대의 슈퍼앱은 스마트폰 시대의 통합형 앱을 넘어 사용자의 맥락에 반응하는 보이지 않는 지능형 에이전트로 진화한다.

스마트폰 시대의 슈퍼앱은 위챗, 카카오톡, 그랩처럼 모든 서비스를 하나의 앱 안에서 해결하는 통합 플랫폼이었다. 메시징, 결제, 쇼핑, 교통까지. 하지만 공간 인터넷 시대에는 앱의 경계 자체가 사라진다. 사용자와 기술의 접점이 앱 내부에서 공간 전체로 확장되는 것이다.

미래의 슈퍼앱은 사용자의 위치, 시간, 활동 등 모든 맥락을 실시간으로 해석하고 반응하는 맥락 기반 서비스가 될 것이다. 또한 사용자의 행동을 예측하여 지능적으로 동작하는 AI 기반의 에이전트 중심 형태로 발전한다. 이는 마치 영화 '아이언맨'의 AI 비서

'자비스'와 같다. 특정 앱을 실행하는 것이 아니라 사용자를 지속적으로 인식하고 통합적으로 상호작용하는 공간 기반 AI 에이전트의 모습에 가깝다.

궁극적으로 공간 인터넷의 성공은 사용자가 기술의 존재를 의식하지 않을 때 이루어진다. 화면 대신 공간 속에서, 클릭 대신 존재 자체로, 웹페이지 대신 현실 위에서 작동하는 보이지 않는 플랫폼이 되어야 한다. 미래의 슈퍼앱은 결국 공간 전체 속으로 스며들듯 사라지는 앱이 될 것이다.

이는 앱 중심에서 맥락 중심으로의 패러다임 전환을 의미한다. 사람들은 더 이상 버튼을 누르는 대신 자신의 움직임과 시선, 존재 그 자체를 입력 신호로 사용하게 된다. 모든 위대한 기술의 본질은 언제나 인위적인 조작을 넘어선 자연스러움에 있다.

지금까지 공간 컴퓨팅의 본질을 구성하는 개념과 패러다임의 변화를 살펴보았다. 이제는 이를 현실로 만든 구체적인 기술 발전의 역사를 볼 차례다. 지난 60여 년간의 하드웨어 진화에서 무엇이 결정적으로 바뀌었고, 왜 지금 이 시점이 공간 컴퓨팅의 성공 가능성을 높이고 있는가?

이를 알기 위해 2부에서는 본격적으로 기술의 역사로 들어간다. 최초의 가상현실 기계인 '센소라마'부터 최신 기기인 애플 '비전 프로'에 이르기까지, XR 하드웨어의 진화 궤적을 따라가며 공간 컴퓨팅 시대를 연 결정적 기술들을 추적한다.

2부

공간 지능

현실이
인터페이스가 되다

안경 너머의 신세계
XR 기술 발전과 공간 컴퓨팅

하나의 기술이 아닌 수십 년의 축적

공간 컴퓨팅은 단일 기술이 아니다. 수십 년간 누적된 기술 진화의 산물이다. 어느 날 갑자기 등장한 개념이 아니라, 수많은 하드웨어 실험과 실패를 거치며 점진적으로 기술이 성숙한 결과물이라고 할 수 있다. 따라서 공간 컴퓨팅의 역사는 곧 디바이스의 역사와 동일하며, 물리적 세계와 디지털 세계를 연결하려는 과정에서 마주친 기술적 한계를 극복해온 투쟁의 기록이다.

이 장에서는 공간 컴퓨팅의 개념을 다시 정의하는 대신, 하드웨어의 진화라는 관점에서 추적한다. 어떤 기술이 언제 등장했고, 당시에는 왜 실패했으며, 지금은 무엇이 근본적으로 달라졌는지를 살펴볼 것이다. XR 기술이 어떻게 공간 컴퓨팅을 구현하는 핵심 수단으로 자리 잡게 되었는지, 그 발전사를 통해 살펴보는 것이 이 장의 핵심 목표다.

XR 기술의 발전은 분리된 경로가 아니었다. 하나의 플랫폼으로 수렴하는 과정이었다. 예를 들어 오큘러스 퀘스트는 VR 중심의 기기에서 패스스루 기능을 추가하며 MR로 진화했다. 이후 등장한 메타 퀘스트 시리즈는 MR을 본격적으로 대중화했으며, 마침내 애플 비전 프로는 이를 '공간 컴퓨터'라는 개념으로 공식화했다. 이처럼 각 기술은 개별적으로 발전하는 듯 보였으나, 결국 점진적으로 통합되며 공간 컴퓨팅이라는 거대한 플랫폼을 향해 나아가고 있다.

시스루와 패스스루

공간 컴퓨팅을 구현하는 XR 하드웨어는 현실과 디지털을 융합하는 방식에 따라 크게 두 가지 경로로 발전해왔다. 하나는 현실 세계 위에 디지털 정보를 겹쳐 보여주는 시스루 방식이며, 다른 하나는 현실 세계를 디지털로 재구성해 보여주는 패스스루 방식이다. 두 기술의 목표는 같지만, 그 구현 방식에는 근본적 차이가 있다.

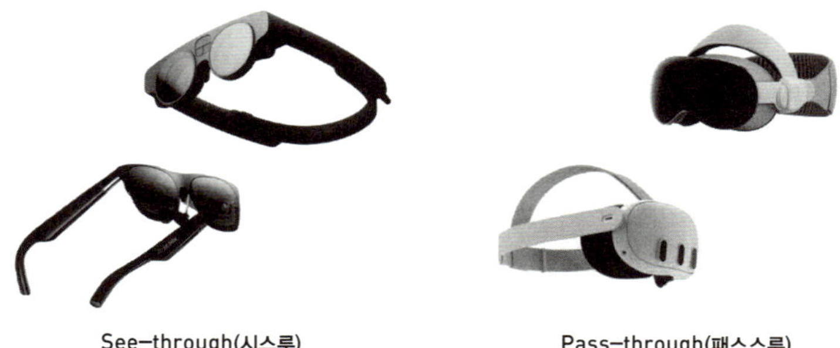

XR 기기의 진화: 헤드셋에서 일상 안경으로

현실의 연속성을 유지하는 기술, 시스루

시스루는 사용자가 실제 눈으로 보는 현실 위에 직접 디지털 정보를 겹쳐서 보여준다. 현실의 시야를 그대로 유지한 채 필요한 정보만을 덧입히는 형태로, 현실을 대체하지 않고 보강하는 AR의 핵심 구현 방식이다.

시스루 디바이스의 가장 중요한 기술적 과제는 광학 효율을 극대화하는 것이다. 사용자가 일상에서 불편함 없이 착용하려면 안경처럼 가볍고 얇아야 하며, 동시에 강한 햇빛 아래에서도 가상의 정보가 선명하게 보여야 한다.

이러한 요구를 충족시키기 위해 디스플레이와 광학계 기술은 꾸준히 발전해왔다. 마이크로 OLED, 마이크로 LED, 레이저 스캐닝 등 다양한 디스플레이 기술이 시도되었으며, 특히 웨이브가이드 구조는 안경 형태의 디바이스를 구현하는 데 결정적인 역할을 했다.

그럼에도 시스루 기술은 여전히 풀어야 할 과제를 안고 있다. 밝기, 시야각, 대량 생산의 어려움, 도수 렌즈 지원 등. 하지만 그 목표는 명확하다. 일상에서 종일 착용하며 현실과 자연스럽게 어우러지는 투명한 인터페이스를 만드는 것이다.

현실을 디지털로 재구성하는 기술, 패스스루

패스스루는 기기 외부의 카메라로 촬영한 현실 영상을 내부 디스플레이로 재구성하여 보여주는 기술이다. 사용자는 자신의 눈으로 현실을 보고 있다고 느끼지만, 실제로는 디지털로 완벽하게 변환된 현실을 경험하게 된다. 이 기술은 본래 VR 기기에서 외부 환경을 확인하기 위한 보조 기능으로 시작했으나, 이제는 VR을 MR로 확장시키는 핵심 기술로 자리 잡았다.

패스스루의 핵심은 시스루가 제공하기 어려운 높은 수준의 몰입감과 안전성을 동시에 확보하는 데 있다. 이 방식은 시스루 기술이 가진 밝기와 시야각의 물리적 한계를 뛰어넘어, 현실과 가상이 완벽하게 융합된 공간을 구현할 잠재력을 지닌다.

이를 실현하기 위해서는 극도로 낮은 지연 시간과 고해상도, 그리고 빠른 응답 속도가 필수적이다. 만약 현실의 움직임과 화면의 반응 사이에 지연이 발생하면 인간의 뇌는 즉각적으로 멀미를 느끼기 때문이다.

그 다음 세대는 OLED였다. 각 픽셀이 스스로 빛을 내기 때문에 완벽한 검은색과 높은 명암비, 빠른 응답속도를 구현할 수 있었다. 다만 번인과 내구성 문제로 장시간 사용에는 불리했다.

최근 프리미엄 기기에는 마이크로 OLED가 주로 쓰인다. 실리콘 기판 위에 초미세 픽셀을 직접 증착해 인치당 3,000픽셀 이상의 초고해상도를 구현하고, 화면의 격자무늬 현상을 사실상 제거했다. 애플 비전 프로와 갤럭시 XR이 이를 채택해 선명한 디스플레이를 구현했다. 다만 높은 제조 비용과 전력 소모, 내구성은 여전히 과제로 남아 있다. 차세대 디스플레이로는 더 밝고 효율적이며 수명이 긴 마이크로 LED가 주목받고 있다.

작은 화면을 눈앞에 세상처럼 보이게 하려면 렌즈의 역할이 중요하다. 초기 볼록렌즈는 무겁고 왜곡이 심했으며, 이후 등장한 프레넬 렌즈는 가벼워졌지만 빛이 번지는 현상을 완전히 해결하지 못했다. 최근에는 팬케이크 렌즈로 가볍고 얇은 광학 구조가 가능해졌다. 빛을 여러 번 반사시켜 왜곡을 줄이고, 헤드셋의 두께를 절반 이하로 줄이면서 착용감도 크게 개선했다.

패스스루는 단순히 카메라로 현실을 보여주는 기능이 아니다. 인간의 시각을 디지털로 확장하는 새로운 인터페이스다. 시스루가 다다르지 못한 영역인 넓은 시야각, 완전한 몰입감, 정밀한 합성을 실현한다. 시스루가 현실 위에 정보를 얹는 기술이었다면, 패스스루는 현실 자체를 가상화해 '디지털화된 현실'을 만들어낸다.

LCD에서 OLED, 그리고 마이크로 OLED로 이어진 디스플레이 기술의 발전은 현실과 거의 구분하기 어려운 시각 경험을 제공했다. 팬케이크 렌즈의 도입은 헤드셋을 훨씬 얇고 가볍게 만들어 착용감을 극적으로 개선했다.

시스루와 패스스루는 서로 경쟁하는 기술이 아니다. 상호 보완하며 하나의 목표를 향해 나아가는 기술이다. 시스루가 현실 위에 정보를 얹는 '투명한 창'이라면, 패스스루는 현실 자체를 디지털 데이터로 변환하여 다루는 '재구성된 창'이라고 할 수 있다. 두 방식은 서로 다른 방향에서 발전해왔지만, 궁극적으로는 공간 컴퓨팅이라는 하나의 플랫폼 안에서 융합되고 있다.

눈을 뜬 인공지능
AI로 한계를 돌파하다

◀ 완성된 하드웨어, 그러나 빠진 한 조각 ▶

오랜 시행착오 끝에 공간 컴퓨팅 하드웨어는 실제로 사용 가능한 수준의 기술적 성숙도에 도달했다. 디스플레이는 더 선명해졌고, 지연 시간은 인간이 인지하기 어려운 수준으로 줄었으며, 센서의 정확도는 비약적으로 향상되었다.

연산 능력 또한 매년 기하급수적으로 증가했고, 외부 컴퓨터 연결 없이 독립적으로 작동하는 XR 디바이스가 등장하면서 사용자 경험은 한 단계 도약했다. 이로써 공간 컴퓨팅이 대중화될 수 있는 기술적 기반은 대부분 갖추어졌다.

그러나 대중화의 마지막 관문은 하드웨어 외부에 존재했다. 컴퓨터는 공간을 사용자에게 보여줄 수는 있었지만, 그 공간이 무엇을 의미하는지는 전혀 이해하지 못했다. 기술이 일상으로 확장되기 위해 반드시 필요한 마지막 조건은 바로 공간의 의미를 해석하는 지능이었다.

현실에 존재하는 사물이 무엇인지, 사물과 사물 사이에는 어떤 관계가 있는지, 그리고 사용자가 특정 행동을 하는 의도와 맥락은 무엇인지를 파악하는 능력이 부재했다. 이러한 이해의 부재는 공간 컴퓨팅이 결국 '신기하지만 제한적인 시각적 체험'이라는 한계를 벗어나지 못하게 만드는 근본적 원인이었다.

이러한 한계를 돌파하는 결정적 열쇠는 AI였다.

AI의 등장은 공간 기술의 핵심 질문을 근본적으로 바꾸었다. 과거의 공간 기술이 "현실과 가상을 얼마나 사실적으로 보여줄 것인가"라는 시각적 재현의 문제에 집중했다면, AI가 본격적으로 결합된 이후에는 질문의 방향이 완전히 달라졌다.

이제 핵심은 "지금 이 공간에서 무슨 일이 일어나고 있는가"를 파악하는 것이 되었다. 기술의 무게 중심이 시각적 완성도에서 의

미의 이해로 이동한 것이다. 컴퓨터 비전, 자연어 처리, 음성 인식, 그리고 여러 종류의 데이터를 동시에 학습하는 멀티모달 학습의 발전은 AI의 능력을 한 차원 높였다.

이 기술들은 AI가 단순한 패턴 인식을 넘어 복합적인 상황과 맥락을 해석할 수 있는 기반을 제공했다. 이러한 변화는 공간 컴퓨팅의 본질을 뿌리부터 바꾸었다. 공간은 더 이상 무의미한 3차원 좌표와 픽셀의 집합이 아니라, 각 객체가 의미와 관계를 가지고 상호작용하는 '살아 있는 환경'으로 인식되기 시작했다.

현실과 가상이 실시간으로 만나다, 디지털 트윈

디지털 트윈Digital Twin은 현실 세계의 물리적 객체를 가상 공간에 실시간으로 복제하여 미래를 예측하는 기술이다. 이 기술은 단순히 현실 공간을 3차원 모델로 만드는 것을 넘어선다. 현실 세계의 변화를 실시간으로 반영하고, 그 정보를 기반으로 미래를 예측하는 살아 있는 '디지털 쌍둥이'를 구축하는 것이 핵심 목표다. 이러한 디지털 트윈은 물리적 공간을 디지털 방식으로 이해하고 관련 정보를 조작할 수 있게 하는 공간 컴퓨팅의 핵심 요소로 기능한다.

디지털 트윈의 개념은 소프트웨어 모델에 대한 초기 아이디어에서 시작하여 세 가지 핵심 요소를 갖춘 공식적인 정의로 발전했다. 물리적 객체를 디지털 모델로 전환하려는 시도는 1991년 컴퓨터 과학자 데이비드 겔런터의 저서 '미러 월드'에서 본격화되었다. 그는 이 책에서 '현실의 일부를 표현하는 소프트웨어 모델'이라는 개념을 제시했다. 또한 소프트웨어가 어떻게 물리적 사물과 동일한 가상 버전을 생성하는지 설명하며 디지털 트윈의 이론적 기반을 닦았다. 이후 2002년에는 마이클 그리브스 박사가 디지털 트윈의 개념을 공식적으로 정의했다. 그는 디지털 트윈이 물리적 객체, 디지털 복제본, 그리고 이 둘 사이의 데이터 순환이라는 세 가지 핵심 요소로 구성된다고 발표했다.

디지털 트윈은 IoT 및 클라우드 기술과 결합하며 정적인 모델을 넘어 현실과 동기화되는 동적 시스템으로 진화했다. 디지털 트윈이 정적인 설계 모델을 넘어 살아 있는 가상 모델로 진화한 결정적 계기는 2010년을 전후하여 이루어진 IoT와 클라우드 기술의 결합이었다. 현실 세계 사물에 부착된 센서가 네트워크로 연결되면서 대상의 상태 정보가 실시간으로 디지털 세계에 전송되기 시작했다. 이러한 실시간 데이터 전달은 디지털 트윈을 단순한 정적 모델에서 벗어나 현실과 끊임없이 동기화되는 동적 시스템으로 탈바꿈시켰다.

예를 들어, 스마트 팩토리의 디지털 트윈은 생산 설비에 부착된 센서로부터 온도, 진동, 압력 같은 데이터를 실시간으로 수신하여 가상 모델에 반영한다. 이를 통해 관리자는 공장을 직접 방문하지 않고도 원격에서 설비 상태를 파악하고 문제를 즉각적으로 감지할 수 있게 되었다. 이후 수학적 모델을 활용한 정교한 시뮬레이션과 실시간 동기화 기술이 발전하면서 살아 있는 디지털 트윈의 구현이 본격화되었다. 그 결과 디지털 트윈 기술은 제조업을 넘어 헬스케어, 도시 계획, 기후 과학 등 다양한 분야로 확장되었다. 또한 클라우드 서비스는 대규모 데이터 분석과 시뮬레이션을 지원하며 기술의 진화를 뒷받침했다.

공간 컴퓨팅은 디지털 트윈의 가상 정보를 현실 공간에 투영하거나 가상 공간과 직접 상호작용하게 함으로써 새로운 차원의 경험을 제공한다. AR 글래스를 착용한 현장 기술자는 눈앞의 물리적 장비 위에 실시간 작동 상태, 부품 정보, 수리 매뉴얼 같은 디지털 트윈 데이터를 겹쳐 보며 작업할 수 있다. 또는 VR 기술을 이용해 디지털 공간 안으로 직접 들어가 멀리 떨어진 공간을 방문하고 운영하는 것과 같은 경험도 가능하다. 이처럼 공간 컴퓨팅은 물리적 세계와 디지털 세계의 경계를 허물고 현실을 디지털 트윈의 데이터와 융합시킨다. 이를 통해 사용자에게 이전보다 훨씬 풍부한 정보를 제공하는 것이 가능해진다.

궁극적으로 디지털 트윈은 개별 객체를 넘어 도시, 생태계, 나아가 인간의 신체까지 복제하며 현실 세계를 예측하고 제어하는 핵심 시스템으로 발전할 것이다. 이는 단순히 개별 공간의 물리적 복제를 넘어 도시 전체, 생태계, 심지어 인간의 신체까지 복제하는 방향으로 기술이 확장되고 있음을 의미한다. 현실 정보를 실시간으로 반영하고 모니터링하는 디지털 트윈을 통해 우리는 미래에 발생할 수 있는 위기나 특정 상황을 예측할 수 있다. 또한 문제의 원인을 신속하게 규명하고, 범죄나 재난 같은 위기 상황에 더욱 효과적으로 대처하는 것이 가능해진다.

디지털 트윈은 물리적 세계의 데이터를 바탕으로 가상 세계에 정교한 현실 모델을 구축한다. 그리고 이 모델을 기반으로 현실을 예측하고 제어함으로써, 공간 컴퓨팅이 추구하는 핵심 목표를 구현하는 시스템으로 계속해서 진화해나갈 것이다.

◀ 세상을 '이해'하기 시작한 AI ▶

최근 몇 년 사이 AI는 놀라운 속도로 발전했다. 챗GPT 같은 거대 언어 모델LLM, Large Language Model은 대화, 번역, 콘텐츠 생성 등 다양한 영역을 혁신하며 이미 사회 전반에 깊숙이 스며들었다. 하지만 언어를 정교하게 다루는 능력과 세상을 실제로 이해하는 것은 다르다.

"물이 담긴 컵을 밀면 어떻게 될까?" 또는 "운전 중 보행자가 갑자기 뛰어들면 자동차는 어떻게 반응해야 할까?" 이런 질문은 단어나 문장의 문제가 아니다. 물리적 상호작용과 인과관계, 즉 '다음에 일어날 일'을 예측하는 문제다.

언어 모델의 한계를 넘어 물리 세계의 인과관계를 이해하고 예측하기 위해 AI 연구는 세상의 작동 방식을 내부에 시뮬레이션하는 월드 모델World Model 개념으로 나아가고 있다.

월드 모델은 AI가 이러한 한계를 극복하기 위해 세상에 대한 내부적인 시뮬레이션 모델을 구축하는 시스템이다. AI는 이 가상 세계를 바탕으로 현실에서 발생할 수 있는 다양한 상황의 결과를 예측하고, 이를 통해 더 합리적인 판단을 내린다.

2024년, 'AI의 대모'로 불리며 이미지넷(대규모 이미지 데이터베이스 프로젝트)으로 컴퓨터 비전 분야의 혁신을 이끌었던 스탠퍼드 대학교의 페이페이 리 교수는 이러한 흐름을 주도하기 위해 월드랩스를 설립했다. 그는 이곳에서 거대 월드 모델LWM, Large World Model 개발에 집중하겠다고 밝히며 AI 연구의 새로운 방향을 제시했다.

월드 모델은 언어 모델과 달리 텍스트를 넘어 비디오와 센서 데이터 같은 시공간 정보를 학습하여 물리 세계의 동작 원리를 내부적으로 모델링한다. 월드랩스가 대규모 투자를 유치하며 시장의 폭발적인 관심을 받는 이유도 바로 이 흐름과 맞닿아 있다.

언어 모델이 방대한 텍스트 데이터에서 통계적 패턴을 학습하여 다음 단어를 예측하고 문장을 생성하는 방식이라면, 월드 모델은 물리 세계의 인과관계를 이해하는 것을 목표로 한다. 즉 언어 모델이 주로 "무엇이 일어났는가"라는 과거의 사실을 다루었다면, 월드 모델은 "왜 그런 일이 발생했으며, 앞으로 무엇이 일어날 것인가"라는 미래 예측의 영역까지 다루도록 설계된다.

세계적인 AI 석학 얀 르쿤은 월드 모델을 '주변 환경을 관찰하고 앞으로 일어날 일을 예측하는 시스템'으로 정의하며 그 중요성을 강조했다. 현재의 언어 모델이 과거 데이터에 기반하여 다음 결과를 추론하는 데 탁월한 능력을 보인다면, 월드 모델은 그 너머에 있는 물리적 상호작용, 숨겨진 변수, 인과관계, 그리고 물리 법칙까지 포괄하는 방향으로 나아간다. 월드 모델을 탑재한 AI는 단순히 이미지나 텍스트를 생성하는 수준을 넘어, 주어진 상황을 종합적으로 사고하고 장면의 미래를 예측하는 인간의 추론 능력에 한 걸음 더 가까워진다.

월드 모델과 공간 컴퓨팅의 결합

월드 모델은 공간 컴퓨팅 환경에서 현실과 가상의 상호작용을 일관성 있게 만드는 결정적인 역할을 수행한다. 현실 세계의 물리 법칙과 공간 구조를 학습한 정보가 디지털 트윈에 통합되면, 가상 세계는 단순히 그럴듯한 그래픽의 집합이 아니라 현실의 규칙을 정확히 반영하는 논리적이고 일관된 공간으로 거듭난다.

예를 들어 XR 기기를 착용한 사용자가 가상의 공을 발로 찼을 때, 월드 모델이 적용된 가상 공은 현실의 중력과 마찰, 충돌 법칙을 그대로 따라 벽에 맞고 튕겨 나와 사용자에게 되돌아온다. 여기서 핵심은 단순히 공이 튕겨 나가는 모습을 '보여주는 것'이 아니라, 현실과 동일한 물리 규칙에 따라 '움직이는 것'이다. 많은 기업이 제품 개발이나 공정 최적화 과정에서 월드 모델 기반의 시뮬레이션, 즉 디지털 트윈을 활용하는 이유도 여기에 있다. 가상 환경에서 다양한 시나리오를 미리 테스트함으로써 시행착오를 줄이고 안전성을 극대화할 수 있기 때문이다.

월드 모델이 현실을 이해하고 미래를 예측하는 백엔드의 두뇌라면, XR 같은 공간 컴퓨팅 기술은 그 예측된 세계와 사용자가 직접 상호작용하게 만드는 프론트엔드의 인터페이스다. 월드 모델이 고도화될수록 우리는 현실에서 직접 겪기 어려운 다양한 시나리오를 가상 시뮬레이션으로 먼저 경험하고 최적의 결정을 내릴 수 있게 될 것이다. 신제품 출시 전 시장의 반응을 정밀하게 예측하거나, 복잡한 수술을 집도하기 전에 발생 가능한 모든 변수를 시뮬레이션으로 연습하는 등의 변화가 가능해진다. 이는 마치 수많은 미래 시나리오를 미리 탐색하여 최선의 해법을 찾아내는 과정과 같다.

궁극적으로 월드 모델은 AI의 공간 지능Spatial Intelligence을 바탕으로, 공간 컴퓨팅을 단순한 디스플레이 기술이 아닌 '예측 가능한 현실'을 구현하는 핵심 기반 기술로 끌어올릴 것이다.

보고, 듣고, 이해하는 통합 지능

멀티모달 AI란 텍스트, 이미지, 영상, 음성 등 서로 다른 형태의 데이터를 동시에 처리하고 통합적으로 이해하는 AI 기술이다. 인간이 시각, 청각, 촉각 등 복합적인 감각을 통해 세상을 종합적으로 인식하듯, 멀티모달 AI는 여러 정보의 흐름을 함께 묶어 더 깊은 수준의 이해와 추론을 수행한다. 이를 통해 상황에 맞는 훨씬 정교하고 유용한 피드백을 생성할 수 있다.

예를 들어 스마트글래스를 착용한 사용자가 특정 물건을 바라보며 "이것은 무엇에 쓰는 물건인가?"라고 질문하면, AI는 사용자의 시선 데이터와 음성 명령을 함께 분석하여 즉시 정확한 설명을 제공한다. 마카롱 디저트를 보며 "이 음식의 이름과 관련 정보를 알려줘"라고 요청했을 때도, 단순히 '마카롱'이라는 단답형 정보를 주는 데 그치지 않는다. AI는 음식의 이름은 물론 레시피, 역사적 배경, 문화적 맥락까지 연결하여 확장된 정보를 제공할 수 있다.

쇼핑 같은 일상적인 상황에서 멀티모달 AI의 잠재력은 더욱 직관적으로 나타난다. 매장에서 운동화를 발견하고 "이 제품이 나와 어울릴까?"라고 물으면, AI는 시선 추적 기술로 사용자가 보고 있는 제품을 정확히 특정한다. 이후 해당 제품의 정보, 가격, 모델명, 출시일을 불러와 눈앞에 3D 그래픽으로 보여준다. 여기서 더 나아가 주변 선반에 있는 유사한 스타일의 제품까지 함께 제안하며, 사용자의 신체 데이터와 평소 옷차림을 분석하여 "처음 보신 디자인이 평소 즐겨 입는 후드티와 더 잘 어울리는 것 같습니다" 같은 고도로 개인화된 조언까지 건넬 수 있다.

이처럼 멀티모달 AI는 언어만 다루던 단계를 넘어 사용자가 보고 듣고 경험하는 세계를 함께 공유하며 점점 더 강력한 '현장형 지능'으로 진화하고 있다. 공간 컴퓨팅 시대에 멀티모달 AI는 단순한 정보 검색 도구가 아니라, 우리와 함께 세상을 경험하고 이해하는 지적인 동반자에 가까워질 것이다.

◀ 당신의 맥락을 읽는 AI 비서 ▶

스마트글래스를 통해 AI는 사용자의 일상에 깊숙이 밀착하며, 축적된 데이터를 바탕으로 개인화된 추론 능력을 갖춘 비서로 진화한다. AI는 사용자가 자주 방문하는 장소, 반복적인 행동 패턴, 일정과 습관 등의 데이터를 지속적으로 축적한다. 여기에 사용자의 시각 및 청각 정보가 실시간으로 공유되면서, AI는 특정 시간, 공간, 상황에 따른 개인의 루틴과 행동 방식을 학습하게 된다. 이 데이터는 시간이 지날수록 더욱 정교해지며, 결국 AI는 사용자가 미처 의식하지 못하는 무의식적인 행동까지 패턴으로 파악하여 고도로 개인화된 추론을 수행하는 지능형 비서로 거듭난다.

AI는 개인의 디지털 데이터와 현재의 공간 데이터를 결합하여 사용자의 의도를 미리 파악하고 상황에 맞는 제안을 건넨다. 매일 아침, AI는 사용자의 캘린더, 이메일, 최근 검색 기록과 같은 개인 데이터에 실시간 교통 상황이라는 공간 데이터를 결합한다. 이를 통해 "오늘 출근길 교통 체증이 심하니 평소보다 조금 일찍 출발하는 것이 좋겠습니다"라거나 "지금 이용하려는 도로는 정체 구간이니 다른 경로로 안내하겠습니다"와 같은 알림을 제공한다. 이는 단순한 위치 기반 정보가 아니라, '지금 나의 상황'을 온전히 이해하는 맥락 기반의 행동 제안이다.

이러한 맥락 이해 능력은 다양한 일상 공간으로 확장된다. 예를 들어 사용자가 자주 가는 카페에 들어서는 순간 AI는 "오늘의 스페셜 커피는 고객님께서 즐겨 마시는 에티오피아 예가체프 원두입니다. 함께 곁들이기 좋은 소금빵은 20% 할인 중입니다"처럼 개인의 취향을 정확히 반영한 정보를 제공할 수 있다. 또한, 회의실에 들어서는 즉시 이전 회의의 요약본과 오늘 논의할 안건, 관련 참고 자료를 눈앞에 띄워주고, 사용자가 즐겨 쓰는 화이트보드 템플릿을 자동으로 불러오는 것과 같은 지능적인 지원도 가능해진다.

여기서 핵심은 단순히 정보를 제공하는 것을 넘어 최적의 '전달 방식'까지 고려한다는 점이다. AI는 정보의 중요도와 현재 상황을 종합적으로 판단하여 지금 즉시 알려야 할지, 아니던 회의가 끝날 때까지 기다려야 할지를 결정한다. 나아가 시각적인 알림으로 띄울지, 음성으로 전달할지까지 사용자의 선호도에 맞춰 조정한다. 과거 스마트폰이 다루던 정보가 주로 디지털 세계에 국한되었다면, 공간 컴퓨팅 시대의 AI는 사용자의 주변 공간과 함께 상호작용하며 '일상 전체'를 데이터로 전환한다. 이처럼 AI는 단순한 도구를 넘어, 사용자의 삶을 가장 깊이 이해하는 동반자이자 완벽한 '맥락형 비서'로 자리 잡게 될 것이다.

공간 컴퓨팅의 대중화를 위해서는 현실 공간에 덧입힐 매력적이고 풍부한 디지털 콘텐츠가 필수적이다. 하지만 과거에는 높은 제작 비용과 전문 인력의 한계가 생태계 확장의 가장 큰 걸림돌이었다. 3D 모델과 가상 환경을 만들려면 숙련된 3D 모델러와 디자이너가 필요했다. 막대한 시간과 비용이 들었다. 이러한 높은 진입 장벽은 공간 컴퓨팅 생태계가 빠르게 성장하는 데 있어 결정적인 제약 요인으로 작용했다.

생성형 AI는 3D 콘텐츠 제작의 전 과정에 깊숙이 파고들며 이 높은 장벽을 빠르게 허물고 있다. 이제는 간단한 텍스트 프롬프트(명령어)만으로 3D 모델을 생성하는 기술, 2D 이미지를 입체적인 3D 모델로 바꾸는 기술이 보편화되고 있다. 또한 3D 모델에 뼈대를 심어 움직임을 제어하는 리깅 작업이나 영상 속 인물의 동작을 3D 모델에 그대로 적용하는 애니메이션 생성 과정도 자동화되고 있다. 전통적인 콘텐츠 제작사들 역시 'AI 기반 제작 파이프라인'으로 신속하게 전환 중이다. 특히 프리비즈Pre-visualization(영화나 애니메이션 제작 전 장면을 미리 시각화하는 작업) 단계에 AI를 적극적으로 활용하여 제작 기간과 비용을 획기적으로 절감하고 있다.

공간 자체를 생성하는 기술 또한 신경망의 발달로 급격한 진화를 이루었다. 과거에는 공간을 3D로 복원하기 위해 여러 시점에서 수많은 이미지를 촬영하고, 이미지 간의 특징점을 일일이 비교하며 복잡한 기하학적 계산을 수행해야 했다. 이 방식은 연산 부담이 매우 컸을 뿐만 아니라, 결과물의 정밀도와 해상도에도 명확한 한계가 있었다.

그러나 최근 새로운 길이 열렸다. NeRF_{Neural Radiance Fields}(소수의 2D 이미지로 3D 장면을 생성하는 신경망 기술)와 가우시안 스플래팅 _{Gaussian Splatting}(3D 공간을 수많은 작은 입자로 표현해 실시간으로 렌더링하는 기술) 같은 신경망 기반의 3D 표현 기술이 등장한 것이다. 이 기술들은 적은 수의 2D 이미지로도 사실적인 3D 장면을 신속하게 재구성한다. 짧은 훈련 시간과 실시간 렌더링에 최적화되어 있어 사용자 경험의 질을 한 차원 끌어올리고 있다.

이러한 기술 발전이 가져올 미래는 메타의 하이퍼스케이프 사례에서 엿볼 수 있다. 2025년 가을 발표 예정인 이 기술은 메타 퀘스트 헤드셋을 착용하고 주변을 둘러보기만 하면, 내장된 카메라와 센서가 공간을 실시간으로 스캔하여 매우 정교한 실사형 3D 공간을 즉시 구성해준다. 사용자가 있는 현실 공간이 그저 둘러보는 행위만으로 고품질의 가상 공간으로 변환되는 경험. 이는 공간 제작의 진입장벽이 사실상 사라졌음을 의미한다. 내가 머무는 곳을 둘러보기만 해도 실사 같은 가상 공간이 되는 세상, 더 이상 먼 미래의 이야기가 아니다.

생성형 AI는 이제 간단한 프롬프트나 이미지 한 장만으로도 복잡하고 사실적인 3D 객체와 환경을 자동으로 만들어내는 수준에 이르렀다. 예를 들어 '경치가 좋은 바닷가 앞에 위치한, 붉은 벽돌

재질의 분위기 있는 별장'처럼 텍스트로 지시하면, AI는 빛과 그림자, 재질의 질감까지 완벽하게 구현된 3D 공간을 만들어낸다.

이러한 흐름은 콘텐츠 생산성의 패러다임 자체를 바꾸고 있다. 소수의 전문가만이 가능했던 공간 제작의 영역이 이제는 아이디어를 가진 누구나 참여할 수 있는 무대로 확장된 것이다. 이처럼 AI는 가상과 현실 공간의 경계를 허물며, 현실을 손쉽게 복제하고 무한히 재창조하는 새로운 콘텐츠 생산의 시대를 열고 있다.

AI, 안경에 날개를 달다

챗GPT의 등장을 기점으로 한 AI의 폭발적인 발전은 스마트 글래스의 진화 방향을 근본적으로 바꾸며 'AI 글래스'라는 새로운 시장을 열었다. 디스플레이 기능 없이 음성을 중심으로 챗GPT, Gemini, Claude 같은 외부 대화형 AI나 자체 개발 AI를 탑재한 제품들이 빠르게 증가하며 새로운 카테고리를 형성하고 있다. 과거 시장의 주류였던 오큘러스, 바이브, 소니 플레이스테이션 같은 몰입형 디바이스나 홀로렌즈, 매직립 같은 혼합현실 기기들이 "얼마나 더 실감 나게 보여줄 것인가"에 집중했다면, 최근 시장의 중심은 단연 AI로 이동했다.

메타, 구글, 애플 같은 빅테크 기업들이 가벼운 형태의 스마트 글래스를 최우선 순위로 개발하는 흐름은 이러한 변화를 상징적으로 보여준다.

대표적인 사례인 메타의 레이벤 글래스는 단순 촬영 기기에서 출발하여 대화형 AI 챗봇으로 진화했다. 초기에 사진과 영상 촬영 기능에 집중했던 이 제품은 메타 AI를 탑재하면서 그 정체성이 완전히 바뀌었다. 비록 오른쪽 눈에만 시야각_{FOV, Field of View} 20도의 컬러 디스플레이를 통해 단순한 정보를 보여주는 수준에 머무르지만, 'Live AI'처럼 항상 대기하며 대화할 수 있는 경험과 각종 알림 및 메시지를 즉시 처리하는 기능이 결합되면서 오히려 활용성은 더 풍부해졌다.

이제 AI 글래스 시장은 특정 기업을 넘어 수많은 플레이어가 참여하는 거대한 흐름이 되었다. 메타뿐 아니라 엑스리얼, 샤오미, 화웨이, 로키드, 오포, 할리데이, 아마존 등 다양한 기업이 생활 밀착형 AI를 탑재한 글래스를 발 빠르게 출시하고 있다.

특히 아마존이 배송 기사들을 위해 개발한 '아멜리아Amelia' 안경은 AI 글래스의 방향성을 명확히 보여준다. 이 안경은 배송 목록 확인, 최적 경로 탐색, 운전 중 내비게이션 안내, 위험 요소 경고, 복잡한 동선 안내는 물론, 배송 완료 촬영과 시스템 처리까지 자동화하는 등 오직 배송 업무라는 목적에만 기능을 집중했다. 이는 고사양의 하드웨어가 아니더라도 목적이 명확하다면 AI 글래스가 얼마나 유용해질 수 있는지 증명한 사례이다.

동시에 AI 기술의 발전은 공간 인식 기술 자체를 더욱 정교하고 빠르게 만들며 디스플레이 기술의 진화를 견인하고 있다. 양안 디스플레이를 통해 두 눈의 시차를 이용한 입체 정보를 제공하는 기술 또한 발전하고 있다. 메타의 오라이언, 스냅의 스펙터클스, 엑스리얼은 과거의 홀로렌즈보다 훨씬 가볍고 자연스러운 몰입형 디스플레이를 지향한다. 이들은 현실 세계 위에 가상 정보를 입체적으로 겹쳐 보여주는 방향으로 나아가고 있다.

이처럼 AI는 공간을 이해하고, 사용자와 교감하며, 새로운 디지털 세계를 생성하는 모든 단계에서 공간 컴퓨팅의 기술적 한계를 없애고 있다.

마우스와 터치가 사라진 자리에 남는 것들
인터페이스의 대전환

기술이 사라질 때 비로소 자연스럽다

AI는 공간을 이해하는 월드 모델, 맥락을 읽는 멀티모달 능력, 그리고 공간 제작의 장벽을 낮추는 생성 능력을 통해 공간 컴퓨팅의 마지막 퍼즐을 완성했다. 그러나 아무리 정교한 AI가 존재하더라도 사용자와의 상호작용 방식이 불편하다면 기술은 일상에 스며들 수 없다. 마우스와 키보드, 터치스크린의 한계를 넘어 공간 자체가 인터페이스가 되는 시대가 필연적으로 도래하는 이유가 여기에 있다. 이제 시선과 손짓, 음성이 새로운 입력 수단으로 자리 잡으며, 이것이 공간 컴퓨팅 시대의 사용자 경험 UX을 어떻게 재정의하는지 살펴볼 필요가 있다.

성숙한 기술은 스스로를 드러내지 않는다. 인간의 가장 본능적이고 자연스러운 행동이 곧 인터페이스가 되는 상태를 지향한다. 인간은 오랫동안 컴퓨터와 보다 자연스럽게 소통하기 위해 노력해 왔다. 아마존의 알렉사나 구글 어시스턴트와 같은 초기 AI 스피커는 완성도 면에서는 부족했지만, 기계와 대화로 소통하겠다는 분명한 방향성을 제시했다. 이후 ChatGPT의 등장은 이러한 흐름을 한 단계 끌어올렸다. 사용자가 특정 명령어를 외우거나 복잡한 조작법을 익히지 않아도, 일상적인 언어로 질문하고 대화하며 원하는 작업을 수행하는 방식이 본격적으로 자리 잡기 시작한 것이다. 이 변화의 핵심은 단순히 입력 방식이 간소화되었다는 데 있지 않다. 인간은 목소리로 의사를 전달하고, 시선과 표정으로 반응하며, 손으로 집고 만지고 밀고 당기면서 세상을 다룬다. 우리는 시각과 청각, 촉각을 통해 사물의 변화를 감지하고 정보를 이해한다. 이러한 감각과 행동은 태어날 때부터 자연스럽게 체득한 삶의 방식이다. 만약 컴퓨터와의 소통이 바로 이러한 인간의 행동 위에서 이루어진다면, 우리의 몸짓과 감각은 곧 디지털과 연결되는 언어가 된다.

기술이 진정으로 성숙하는 순간은 사용자가 기술의 존재를 의식하지 않는 순간이다. 인터페이스가 인간에게 완전히 맞춰질수록 우리는 기계를 '사용한다'는 감각에서 벗어나 보다 자연스럽고 본능적으로 행동하게 된다.

공간 컴퓨팅이 지향하는 방향 역시 여기에 있다. 인간의 가장 본질적인 감각과 행동을 통해 디지털 정보와 소통하는 것, 그것이 새로운 인터페이스의 출발점이다.

◀ 손짓, 눈빛, 목소리로 충분하다 ▶

자연스러운 사용자 인터페이스는 더 이상 먼 미래의 개념이 아니다. 이미 우리의 일상 속에 깊이 들어와 있다. "알렉사, 음악 틀어줘"와 같은 음성 명령은 특별한 기술 체험이 아니라 생활의 한 방식이 되었다. 최근에는 "헤이 메타, 지금 대화를 실시간으로 통역해줘"와 같은 요청도 낯설지 않다. 우리는 점점 더 자연스러운 말

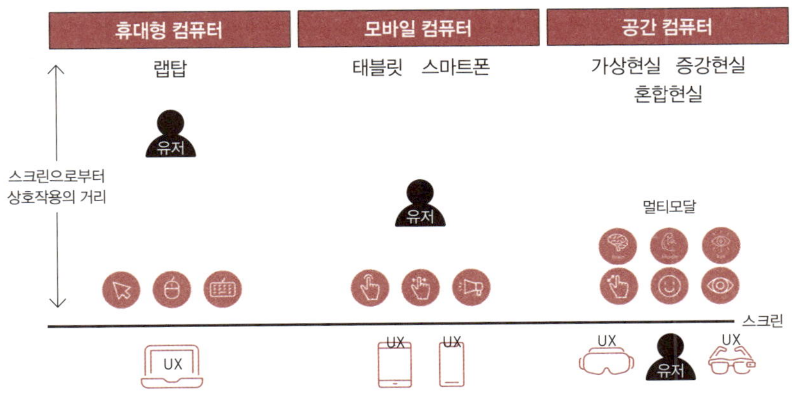

컴퓨팅 플랫폼의 진화: 화면과의 거리가 사라지는 인터페이스

과 행동으로 기술을 다루기 시작했다.

이 변화는 특히 가정 환경에서 뚜렷하게 나타난다. 공간 곳곳에 설치된 센서들은 사용자가 인식하지 못하는 사이에도 움직임과 변화를 감지한다. 평소와 다른 패턴이 감지되면 알림이 전해지고, 환경은 조용히 반응한다. 이 과정에서 사람들은 점차 '컴퓨터를 조작한다'는 감각을 잃어간다. 대신 주변 환경 전체가 하나의 거대한 인터페이스로 작동하기 시작한다.

사용자는 더 이상 버튼을 찾아 누르지 않는다. 말하고, 바라보고, 움직이며 관계와 연상을 통해 기계를 움직인다. 직접 조작하는 대신 의미와 맥락을 통해 상호작용하는 방식, 이른바 연상적 인터페이스가 일상 속으로 스며들고 있다.

궁극적으로 기술은 배경으로 물러난다. 사용자는 기계를 의식하지 않고 자신의 삶에 집중한다. 과거에는 화면을 직접 눌러야만 작동하던 디지털 세계가 이제는 말과 시선, 행동의 흐름 속에서 자연스럽게 반응한다. 이것이 NUI가 약속하는 변화다.

상황을 이해하는 똑똑한 인터페이스

공간 컴퓨팅 시대의 UX 혁신은 단순히 입력 장치의 변화에 머물지 않는다. 현실과 디지털의 경계를 허물고, 사용자가 처한 맥락을 이해하는 단계로 나아간다. 물리적 공간에 디지털 정보가 자연스럽게 녹아들고, 특정 기기가 아니라 주변 환경 전체가 상호작용의 매개체가 된다. 그 결과 인간은 자신이 존재하는 공간에 흩어져 있는 디지털 정보와 훨씬 직관적으로 연결된다.

이 흐름이 향하는 방향은 공간 지능을 기반으로 한 NUI의 진화다. 인터페이스는 이제 물리적 공간과 사용자, 그리고 디지털 정보를 넘어 '지금의 나'가 처한 상황과 의도까지 읽어낸다. 그 결과 우리는 상황을 이해하는 공간 컴퓨팅, 즉 '상황인지형 공간 컴퓨팅 Contextual Spatial Computing'의 시대로 진입하게 된다. 과거에는 사용자가 필요한 정보를 찾아다녀야 했다면, 이제는 상황에 맞는 정보가 먼저 나타나고 의도에 따라 반응한다. 사용자 경험은 이 지점에서 근본적으로 재정의된다.

우리는 인터페이스 역사에서 또 하나의 전환점에 서 있다. 펀치 카드에서 스마트폰으로 이어진 변화는 이제 인간의 몸짓과 시선, 목소리, 더 나아가 사고의 흐름까지 인터페이스로 삼는 단계로 넘어가고 있다. 애플과 메타, 구글, 마이크로소프트가 각기 다른 전략으로 이 시장에 뛰어들었지만, 그들이 마주한 질문은 하나다. 누가 인간의 본능을 가장 자연스럽게 인터페이스로 구현할 것인가.

NUI는 단순한 기술이 아니다. 그것은 인간과 기계가 소통하는 새로운 언어다.

지금까지의 논의를 통해 공간 컴퓨팅을 구성하는 핵심 요소들이 하나로 연결되었다. 변화는 이미 되돌릴 수 없는 흐름이 되었다. 1부에서는 공간 컴퓨팅의 개념과 시대적 필요성을 살펴보았고, 2부에서는 60년에 걸친 확장현실 XR 하드웨어의 진화와 AI가 만들어낸 변곡점, 그리고 인터페이스 혁명의 과정을 따라왔다. 애플과 메타, 구글이 막대한 자원을 투자하는 이유, AI가 공간을 이해하기 시작한 배경, 그리고 우리가 손과 눈, 목소리로 디지털 세계를 직접 다루게 된 이유도 이 흐름 속에서 설명되었다. 이처럼 공간 컴퓨팅은 더 이상 미래의 이야기가 아니다. 지금 이 순간에도 확장되고 있는 현재진행형의 변화다.

모든 조각은 이미 맞춰졌다. 변화는 시작되었다.

당신은 준비되었는가?

3부

거인들의 전쟁

당신의 '시야'를
차지하려는 자들

화면 밖으로 나온 빅테크 기업
일상이 운영체제가 되다

세상은 디지털 정보가 물리적 세계로 스며드는 거대한 전환점을 지나고 있다. 지금까지 정보는 화면 속에 '표시'되는 단계에 머물렀지만, 이제는 정보가 공간 위에 '존재'하며 현실의 일부로 작동하는 단계가 시작되었다. 이러한 변곡점을 우리는 공간 컴퓨팅이라 부른다. 중요한 것은 이것이 단순히 AR이나 VR의 성능 개선을 의미하는 것이 아니라는 점이다. 공간 컴퓨팅은 디지털 정보가 물리적 세계에 자연스럽게 통합되고, 현실 자체가 하나의 인터페이스로 진화하는 거대한 패러다임의 전환이다.

이 새로운 패러다임의 주도권을 차지하기 위해 애플, 메타, 구글

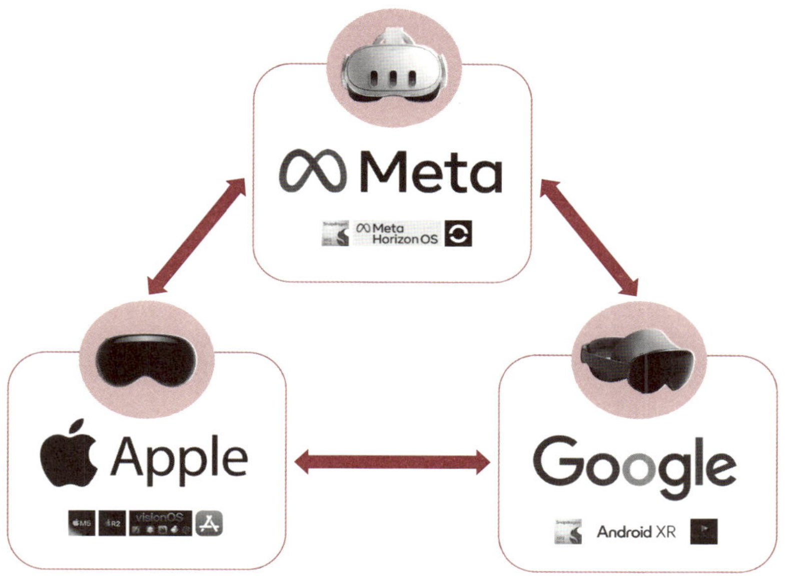

공간 컴퓨팅 삼국지: 애플, 메타, 구글의 플랫폼 전쟁

이 정면으로 충돌하고 있다. 이 경쟁은 단순히 더 나은 제품을 출시하는 차원의 싸움이 아니다. 이는 차세대 운영체제, 핵심 플랫폼, 그리고 미래 컴퓨팅의 '표준'을 누가 선점할 것인가를 결정하는 전쟁이다. 과거 스마트폰 시대에 운영체제를 장악한 기업이 시장의 권력 지도를 재편했듯, 공간 컴퓨팅 시대 역시 누가 공간을 '운영'하는지가 모든 것을 결정할 가능성이 크다. 세 기업은 기술적 완성도와 대중적 잠재력이 교차하는 지점에서 같은 미래를 바라보면서도, 각기 다른 철학으로 그 미래를 설계하고 있다. 이는 마치 '다음 시대의 컴퓨팅' 주도권을 둘러싼 거대한 삼국지와 같다.

◀ 공간을 OS로 설계한 애플 ▶

애플은 언제나 컴퓨팅의 질서를 재정의해왔으며, 이제는 '공간을 운영체제로 만드는 회사'로의 진화를 선언했다. 애플은 개인용 컴퓨터 시대에는 맥Mac으로 표준을 제시했고, 모바일 컴퓨팅 시대에는 아이폰으로 새로운 문법을 창조했다. 그리고 2024년 출시된 비전 프로는 이러한 애플의 다음 단계를 상징하는 선언과도 같다.

비전 프로는 하루아침에 탄생한 결과물이 아니라, 10년 이상 축적된 기술과 특허의 집약체이다. 애플은 2013년 3차원 동작 인식 기술을 보유한 프라임센스를 인수하여 뎁스 센서 기술을 확보했다. 2015년에는 메타이오Metaio를 인수하며 AR 생태계를 내부 자산으로 흡수했으며, 2017년에는 시선 추적 기술을 가진 센소모토릭 인스트루먼츠SensoMotoric Instruments를, 2018년에는 홀로그램 광학 기술 기업 아코니아 홀로그래픽스Akonia Holographics를 차례로 인수했다. 이 일련의 움직임은 애플이 공간 컴퓨팅을 '언젠가 올 제품'이 아닌 '반드시 확보해야 할 차세대 OS 기반 기술'로 인식하고 장기적으로 투자해왔음을 명확히 보여준다.

애플은 언제나 시장을 장악하기에 앞서 생태계부터 구축하는 전략을 사용했으며, 공간 컴퓨팅에서도 ARKit가 그 핵심 역할을 수행했다. 애플은 iOS 11 운영체제에 ARKit를 탑재함으로써, 아이폰을 단순한 통신 기기를 넘어 현실을 인식하는 센서 플랫폼으로 변모시켰다. 이케아 플레이스IKEA Place 앱은 그 대표적인 사례이다.

사용자가 자신의 공간에 디지털 가구를 배치해보는 경험은 '디지털이 내 공간의 일부가 된다'는 감각을 대중에게 처음으로 설득력 있게 전달했다. 이후 ARKit은 매년 발전을 거듭하며, 현실 공간을 측정하는 Measure 앱, 여러 사용자가 동일한 가상 객체를 공유하며 협업하는 공유형 AR, 그리고 가상 객체를 현실에 영구적으로 고정시키는 퍼시스턴트Persistent AR 기술의 기반을 마련했다.

2020년 아이폰에 라이다LiDAR(레이저를 이용해 거리를 측정하는 기술) 센서가 탑재된 것은 공간 인식 기술의 중대한 분기점이었다. 라이다 센서는 단순히 AR을 더 현실감 있게 만드는 보조 장치가 아니다. 이 기술은 어두운 환경에서도 3차원 공간 정보를 정밀하게 포착하고, 짧은 시간 안에 현실 공간을 디지털 데이터로 완벽하게 재구성하는 능력을 기기에 부여했다. 이로써 애플의 기기들은 '현실 위에 그림을 덧씌우는' 단계를 넘어, '공간 자체를 이해하고 분석하는' 단계로 진입했다.

비전 프로는 이 모든 기술적 흐름과 철학을 하나의 제품으로 집대성한 결과물이다. 애플은 비전 프로를 개인 컴퓨팅과 모바일 컴퓨팅의 계보를 잇는 '공간 컴퓨팅 시대의 개막'으로 공식화했다. 2024년, 팀 쿡 최고경영자는 맥북이 개인 컴퓨팅을, 아이폰이 모바일 컴퓨팅을 열었듯이 비전 프로는 공간 컴퓨팅 시대를 열 것이라고 선언하며 애플이 지향하는 미래의 방향을 분명히 했다.

애플은 비전 프로의 기술적 사양을 통해 기존 XR 기기의 한계를 정면으로 돌파하고자 했다. 비전 프로는 6개의 카메라를 이용해 외부 영상을 실시간으로 보여주는 패스스루 기능을 제공하며, 각 눈에 4K 해상도를 뛰어넘는 2,300만 픽셀의 마이크로 OLED 패널을 탑재했다. 또한, 주력 칩인 M2와 12개 센서의 데이터를 통합 제어하는 R1 칩을 결합하여 12밀리초 이내의 초저지연 반응 속도를 구현했다. 특히 아이사이트EyeSight 기능은 착용자의 눈동자를 기기 전면 디스플레이에 보여줌으로써, 가상현실 기기의 고질적 문제였던 사회적 단절감을 완화하려는 애플만의 해법을 제시했다.

3,499달러라는 높은 가격은 대중화가 아닌 '인식의 재정의'를 목표로 한 애플의 전략적 선택이다. 애플은 과거에도 높은 가격의 혁신 제품을 통해 시장의 기대를 재설정하고 새로운 표준을 만들어왔다. 따라서 비전 프로의 초기 목표는 당장의 판매량이 아니라, 공간 컴퓨팅이란 무엇인지에 대한 대중의 인식을 자사 제품을 기준으로 확립하는 데 있다.

애플의 핵심 전략은 기술적 우위를 넘어, 시장의 인식을 재정의하고 언어의 주도권을 장악하는 데 있다. 애플은 시장에 팽배했던 "XR은 불편하다"는 고정관념을 "공간 컴퓨팅의 미래가 시작됐다"는 기대감으로 전환시키는 것을 목표로 삼았다. 특히 메타버스에 대한 피로감이 극에 달했던 시점에 '메타버스'라는 용어 대신 '공간 컴퓨팅'이라는 새로운 개념으로 판을 재구성한 것은 상징적이다. 이처럼 애플은 기술의 방향뿐 아니라 언어의 방향까지 통제하며 시장을 주도해왔다.

애플의 다음 목표는 모든 기기와 서비스를 하나의 연속된 경험으로 묶어 사용자를 '애플의 공간' 안에 머물게 하는 완전한 생태계 통합이다. 맥북, 아이패드, 아이폰, 그리고 비전 프로를 하나의 연속된 사용자 경험으로 연결하는 운영체제 전략을 통해, 애플은 자사의 생태계 잠금 효과를 현실 공간으로까지 확장하려 시도한다. 2025년 발표될 것으로 예상되는 iOS 26의 리퀴드 글래스 Liquid Glass 기능은 여러 기기에서 일관된 인터페이스와 끊김 없는 작업 경험을 제공하는 것을 목표로 한다. 여기에 Apple TV, Apple Music, iCloud와 같은 서비스를 결합하여 사용자가 '애플의 공간'을 벗어날 수 없도록 설계한다. 애플의 시장 진입 속도는 경쟁사에 비해 느릴 수 있다. 그러나 애플은 그 느린 속도로 시장의 표준을 만들고, 일단 표준을 확립하면 시장의 중심을 차지해왔다. 맥과 아이폰이 그랬듯, 비전 프로 역시 공간 컴퓨팅의 표준이 될 잠재력을 품고 있으며, 이 때문에 차기 버전과 안경 형태의 후속 기기에 대한 시장의 기대가 더욱 크다.

◀ SNS를 넘어 현실 세계로 확장한 메타 ▶

공간 컴퓨팅 영역에 가장 먼저 진입하여 가장 강력한 의지를 보여준 기업은 단연 메타다. 마크 저커버그 최고경영자는 10년이 넘는 기간 동안 VR, AR, 그리고 메타버스에 대한 비전을 일관되게 제시해왔다. 그 확고한 의지는 2021년 사명을 페이스북에서 메타로 변경하는 결단으로 정점에 달했다. 당시 시장의 거센 비판과 냉소에도 불구하고, 메타의 방향성은 결코 흔들리지 않았다.

메타의 전략적 기반은 2014년 오큘러스 인수로 시작된 꾸준한 하드웨어 개발과 보급에 있다. 20억 달러에 오큘러스를 인수하며 시장에 본격적으로 뛰어든 메타는, 2016년 PC 기반의 오큘러스 리프트를 시작으로 3자유도3DOF(회전 움직임만 추적하는 기술) 독립형 기기인 오큘러스 고, 그리고 2019년 6자유도6DOF(회전과 위치 움직임을 모두 추적하는 기술)를 지원하는 완전 독립형 기기 오큘러스 퀘스트로 제품 라인업을 진화시켰다. 이후 퀘스트 2(2020), 퀘스트 프로(2022), 퀘스트 3(2023), 퀘스트 3S(2024)를 연이어 출시하며 라인업을 지속적으로 강화했다. 메타는 하드웨어를 수익 창출 수단이 아닌 '플랫폼 진입의 관문'으로 정의하고, 성능 대비 압도적인 가격 경쟁력을 무기로 시장 점유율 70% 이상을 꾸준히 유지해왔다.

이러한 하드웨어 전략은 기기 판매량보다 운영체제와 생태계를 장악하는 것이 승자를 결정했던 스마트폰 시대의 권력 구조를 그대로 따르고 있다. 메타는 XR 시장에서도 동일한 승부수를 던진 것이다. 수많은 반대와 막대한 비용에도 불구하고, 메타는 단일 기업이 긴 호흡으로 XR 디바이스 라인업을 꾸준히 밀어붙인 드문 사례로 남았다.

메타의 시장 확대 의지는 한국 시장 진출 과정에서도 명확히 드러났다. SK텔레콤과의 파트너십을 통해 퀘스트를 국내에 정식 발매하는 과정에서, 메타는 초기 협상 단계부터 높은 관심과 진정성을 보였다. 그 결과 한국은 글로벌 첫 출시국 그룹에 포함될 수 있었다. 이는 단순한 유통 이벤트를 넘어, 메타가 글로벌 시장을 얼마나 중요하게 바라보는지를 보여주는 지표이다.

메타가 그리는 메타버스의 핵심은 결국 '사람들이 연결되는 또 하나의 공간'을 창조하는 것이다. 이 비전은 초기의 개별 소셜 앱 실험에서 시작하여, 사용자 제작 콘텐츠UGC, User-Generated Content 중심의 통합 플랫폼인 호라이즌 월드Horizon Worlds로 진화했다. 2016년 출시된 오큘러스 룸스는 친구들과 가상 공간에서 콘텐츠를 함께 즐기는 초기 실험이었고, 2017년 페이스북 스페이스는 사진과 영상을 공유하며 대화하는 형태로 확장되었다. 오큘러스 베뉴는 콘서트와 스포츠 경기를 함께 관람하는 집단적 경험을 강조했다. 이러한 흐름은 2021년 호라이즌 월드로 통합되며, 단순한 앱의 집합이 아닌 하나의 거대한 '플랫폼'으로서의 메타버스를 지향하게 되었다.

메타는 창작의 장벽을 낮추기 위해 생성형 인공지능을 다음 전략 카드로 꺼내 들었다. 메타는 창작자들이 코딩 지식 없이도 쉽게 콘텐츠를 만들 수 있도록 생성형 AI 도구를 도입했다. 이제 창작자는 "버튼을 누르면 문이 열리게 해줘"와 같은 간단한 텍스트 명령어만으로 3D 객체, 텍스처, 오디오는 물론 타입스크립트TypeScript 기반의 상호작용 코드까지 생성할 수 있다. 코로나19 이후 메타버스에 대한 열기가 다소 식었음에도, 메타는 웹과 모바일 버전까지 지원하며 장기적인 생태계 기반을 다지고 있다. 이는 페이스북, 인스타그램, 왓츠앱이라는 거대한 사용자 기반을 결국 메타버스로 유입시키려는 치밀한 장기 전략의 일환이다.

2024년 메타는 자사의 폐쇄적인 운영체제였던 호라이즌 OS를 외부 파트너에게 개방하는 중대한 전략적 결정을 내렸다. 이는 애플의 폐쇄적인 생태계 전략과는 정반대의 길을 선택한 것이다. 초기 파트너로는 에이수스ASUS와 레노버Lenovo, 그리고 마이크로소프트의 엑스박스Xbox가 참여하며 개방형 생태계 구축의 시작을 알렸다.

메타의 운영체제 개방은 XR 시장에 '안드로이드식 생태계'를 구축하려는 시도이며, 이는 구글과의 정면충돌을 예고한다. 구글 역시 안드로이드 XR을 추진하고 있는 상황에서, 두 기술 거인이 개방형 플랫폼 시장의 주도권을 두고 벌일 경쟁은 불가피해졌다. 메타는 거실용 VR 기기에 머무르지 않고, 스마트글래스를 통해 공간 컴퓨팅을 일상으로 가져오는 전략을 추진한다. 이를 위해 세계적인 안경 브랜드 레이밴과 협업하여 스마트글래스 시장을 개척했다. 2021년에 출시된 '레이밴 스토리즈'는 카메라와 마이크를 탑재해 사진과 영상 촬영 기능을 제공했고, 2023년의 '레이밴 메타 글래스'는 음성 기반 인공지능 비서를 탑재하여 음성 명령만으로 촬영과 메시지 전송이 가능하도록 발전했다. 특히 에실로룩소티카EssilorLuxottica와의 협력을 통해 트렌디한 디자인에 기술을 자연스럽게 녹여낸 점이 시장의 호응을 얻는 결정적 요인이었다. 그 결과, 누적 판매량 200만 대를 돌파하는 빠른 성과를 거두었다.

메타의 궁극적인 목표는 청각 중심의 웨어러블 기기를 넘어, 시각 정보를 결합한 진정한 공간 인터페이스를 구현하는 것이다. 최근 선보인 '메타 레이밴 디스플레이'는 한쪽 눈에 시야각 20도의 컬러 디스플레이를 탑재하여 이러한 비전을 구체화했다. 여기에 스포츠 아이웨어 브랜드 오클리Oakley와의 협력까지 확장하며, '착용 가능한 AI 디바이스' 시장을 현실로 만들고 있다. 아직 가격 부담이라는 과제가 남아 있지만, 시장 출시 속도와 실행력, 그리고 제품의 완성도 측면에서 메타가 가장 앞서 있다는 평가가 지배적이다.

결국 메타의 전략은 단순한 하드웨어의 나열이 아니라, 플랫폼 패권을 차지하기 위한 장기적인 관점의 투자이다. 마크 저커버그 최고경영자는 스마트폰 다음 시대를 '사람들이 연결되는 새로운 공간'으로 정의했다. 이러한 비전 아래, 메타는 단기적인 수익보다는 미래의 기회에 집중적으로 투자하며 공간 플랫폼의 한 축을 확고히 차지하려 한다. 이 집요한 노력이 스마트글래스 시대로 성공적으로 연결될 때, 메타는 '공간의 제국'이라는 이름을 실제로 얻게 될 수도 있다.

◀ 스마트폰 성공의 DNA를 글래스에 심은 구글 ▶

구글은 메타보다 앞서 공간 컴퓨팅의 가능성을 탐색했으며, 수많은 실험과 실패를 통해 축적한 기술 자산을 바탕으로 플랫폼을 구축해왔다. 구글 글래스에서 시작해 프로젝트 탱고, 카드보드와 데이드림, ARCore(증강현실 핵심 기술)를 거쳐 안드로이드 XR로 이어지는 여정은 구글이 공간이라는 새로운 플랫폼을 어떻게 만들어가는지를 명확하게 보여준다. 구글의 방식은 '한 번의 완성'이 아니라, '여러 번의 시도 속에서 정답을 깎아내는 과정'에 가깝다.

2012년 등장한 구글 글래스는 초기 혁신의 상징이었으나, 기술적 한계와 사회적 수용성 문제로 인해 중요한 교훈을 남겼다. 마치 만화 속 전투력 측정기(스카우터)를 현실로 옮긴 듯한 이 기기는 작은 프리즘 디스플레이에 정보를 표시하고 음성과 카메라로 조작하는 혁신적인 방식을 제시했다. 의사, 소방관, 정비사 등 현장 전문가를 위한 활용 가능성이 주목받았지만, 1,500달러에 달하는 높은 가격과 발열 문제, 그리고 결정적으로 사생활 침해 논란이 대중화의 발목을 잡았다. 일부 식당과 극장에서 착용 금지를 선언할 정도의 거센 사회적 저항은, 기술의 가능성만으로는 시장을 열 수 없다는 사실을 구글에게 각인시켰다.

2014년 시작된 프로젝트 탱고는 스마트폰이 현실 공간을 3차원으로 인식하도록 만드는 선구적인 시도였으나, 하드웨어 비용과 생태계 부재의 벽을 넘지 못했다. 이 프로젝트는 IR 프로젝터(적외선 프로젝터)와 뎁스 센서를 스마트폰에 탑재하여 3차원 공간 정보를 정밀하게 구성하고, 가상 객체를 현실 공간에 정확하게 배치하는 것을 목표로 했다. 구글은 AR 브라우저와 사용자 제작 콘텐츠_{UGC,}

 저작 도구까지 준비하며 현실 기반의 AR 콘텐츠 플랫폼을 꿈꿨다. 그러나 고가의 특수 센서로 인한 단말기 가격 경쟁력 부족과 콘텐츠 생태계 부재라는 현실에 부딪혀 결국 프로젝트는 종료되었다. 당시 핵심 엔지니어들이 로보틱스 부서로 이동했다는 사실은, 탱고가 남긴 기술 자산이 다른 분야로 흡수되었음을 암시한다.

카드보드와 데이드림은 VR의 대중화를 목표로 한 시도였지만, 결국 스마트폰을 활용하는 방식의 명확한 한계를 드러냈다. 2014년 공개된 카드보드는 종이 상자에 스마트폰을 끼워 사용하는 단순한 방식으로 누구나 VR을 경험할 수 있게 만들며 접근성의 중요성을 증명했다. 2016년 데이드림은 안드로이드 운영체제에 VR 모드를 통합하고 전용 컨트롤러까지 제공하며 한 단계 더 나아갔다. 하지만 화면의 픽셀 격자가 보이는 스크린도어 효과, 기기 발열, 핵심 콘텐츠 부족, 그리고 전용 인증을 받은 기기에서만 사용 가능하다는 제약이 성장을 가로막았다. 2018년 오큘러스 고와 같은 완전 독립형 헤드셋이 시장을 재편하기 시작하자, 구글은 2019년 데이드림의 공식 종료를 선언하며 '스마트폰을 빌려 쓰는 VR'의 한계를 인정했다.

구글이 전략적 전환점을 맞이한 것은 바로 소프트웨어 기반의 해결책인 ARCore의 등장이었다. 2017년에 발표된 ARCore는 프로젝트 탱고와 달리 특수 센서 없이도 일반 스마트폰의 카메라와 관성 측정 장치만으로 공간을 인식하게 만든 획기적인 소프트웨어 개발 키트SDK이다. 모션 트래킹, 주변 환경 인식, 빛의 세기와 방향을 추정하는 기능 등을 제공하며, 출시와 동시에 수많은 안드로이드 기기를 순식간에 AR 기기로 변모시켰다.

ARCore는 개발자들에게 하드웨어 제약 없이 정교한 AR 애플리케이션을 만들 수 있는 길을 열어주었다. 덕분에 개발자들은 일반 스마트폰 하나만으로도 현실 세계의 특정 위치에 콘텐츠를 고정하거나, 실제 장소를 기반으로 하는 AR 게임을 구현하는 것이 가능해졌다. 이는 특수 하드웨어에 대한 의존도를 낮추고 소프트웨어를 통해 생태계의 확장 속도를 극적으로 높인 전략적 선택이었다.

구글은 여기서 멈추지 않고, 스마트폰 시장을 제패했던 성공 공식을 XR 시대에 다시 적용하고 있다. 삼성전자, 퀄컴과 협력하여 XR 시대의 새로운 동맹을 구축한 것이 바로 그것이다. 이 협력 구조에서 삼성은 기기의 디자인과 제조를, 퀄컴은 XR 환경에 최적화된 칩셋을, 그리고 구글은 운영체제와 인공지능 통합을 담당한다. 이는 스마트폰 시대를 장악했던 핵심 동맹 구조를 XR 시장에 그대로 이식하는 전략이다. 특히 안드로이드 XR 운영체제의 핵심에는 구글의 생성형 AI인 제미나이Gemini가 자리하며, 사용자의 위치와 시선, 주변 상황을 실시간으로 분석하고 대응하는 지능형 공간 시스템을 목표로 한다. 즉, 공간이 단순히 스크린처럼 반응하는 것을 넘어, 공간 자체가 사용자를 '이해하고 대응하는' 방향으로 설계되는 것이다.

구글의 본질적인 전략은 개방과 확장을 통한 생태계 구축에 있다. 안드로이드 XR을 특정 기기에 한정하지 않고 다양한 제조사와 협력하여 AR, VR, 스마트글래스를 모두 아우르는 거대한 플랫폼을 만들고자 한다. 와비 파커Warby Parker, 젠틀몬스터Gentle Monster와 같은 아이웨어 브랜드나 엑스리얼XREAL 같은 AR 전문 기업과의 협력은 스마트글래스 시장 진입을 위한 중요한 포석이다. 구글의 최종 목표는 이 모든 파트너를 안드로이드 XR 생태계 안으로 통합하여 AR과 VR, 스마트글래스 전반을 포괄하는 개방형 플랫폼의 절대 강자가 되는 것이다.

결론적으로 구글은 스마트폰에서 검증된 성공 모델을 공간 컴퓨팅에 그대로 이식하려 하지만, 강력한 경쟁자들과의 대결이라는 새로운 과제에 직면해 있다. '세계의 정보를 체계화해 모두가 편리하게 이용하도록 한다'는 구글의 비전은 지도 서비스에서 시작하여, 이제는 공간 자체가 실시간 데이터 층Layer으로 진화하는 단계로 나아가고 있다. 과거의 수많은 시도는 실패가 아니라 다음 단계를 위한 경험과 기술 축적의 과정이었다. 하지만 지금 구글의 앞에는 이미 시장을 선점한 애플과 10년의 인내로 입지를 다진 메타가 버티고 있다. 따라서 구글에게 필요한 것은 과거의 성공 방정식이 아니라, 그 방정식을 끝까지 밀어붙일 수 있는 집요한 실행력이다. 스마트폰 시대의 승자가 공간 컴퓨팅 시대에도 같은 방식으로 승리할 수 있을지, 진정한 승부는 이제부터 시작이다.

공간 컴퓨팅 삼국지
누가 당신에게 최후의 글래스를 씌울 것인가?

애플, 메타, 구글은 '차세대 컴퓨터는 어디에 존재하는가'라는 동일한 질문에 각기 다른 해답을 내놓으며 미래 시장을 선점하기 위해 경쟁하고 있다. 이들의 질문은 컴퓨터의 미래가 손안의 화면인지, 얼굴 위의 디스플레이인지, 아니면 우리를 둘러싼 공간 전체인지에 대한 근원적인 탐구이다. 이에 애플은 공간 자체를 운영체제로 만들어 새로운 표준을 세우려 하고, 메타는 인간의 연결을 공간으로 확장하여 플랫폼을 선점하려 한다. 그리고 구글은 개방형 생태계를 통해 규모의 법칙을 다시 한번 작동시키려 한다. 이 거대한 전쟁의 최종 승자는 단 하나의 혁신적인 제품을 내놓는 기업이

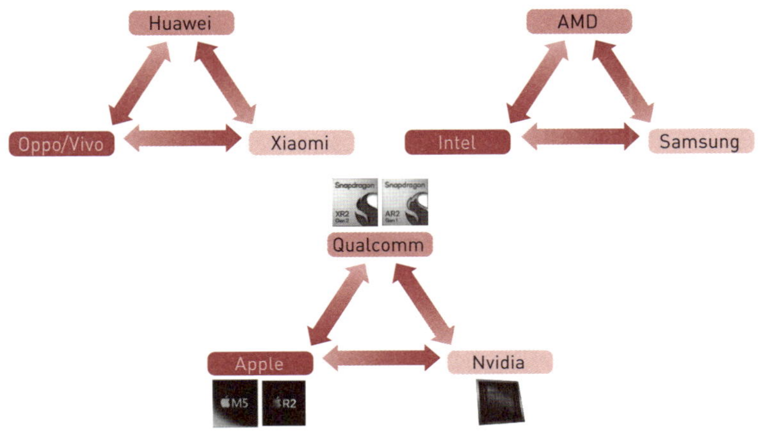

공간 컴퓨팅 시대의 반도체 전쟁

아니라, 사용자가 '매일 사용하는 인터페이스'를 누가 소유하느냐에 의해 결정될 것이다.

공간 컴퓨팅 디바이스 경쟁의 이면에는 반도체 기술 패권을 둘러싼 새로운 전쟁이 펼쳐지고 있으며, 이는 기존 강자와 신흥 세력이 뒤섞인 복잡한 구도를 형성한다. 애플, 메타, 구글의 삼파전뿐만 아니라 중국과 기존 PC 강자들이 가세하면서, 전장은 다섯 세력이 격돌하는 난세로 격화되고 있다. 공간 컴퓨팅 세계의 왕좌를 차지하기 위한 이들의 전략과 계책을 통해 향후 승패의 향방을 가늠해 볼 수 있다.

◀ 프리미엄의 제왕, 애플 ▶

애플은 자체 설계한 전용 반도체를 통해 하드웨어와 소프트웨어를 수직적으로 통합함으로써, 공간 컴퓨팅 경험 자체를 완벽하게 통제하는 제국적 전략을 구사한다. 애플의 핵심 경쟁력은 자사의 통합 설계 역량을 기반으로 기기 전체를 하나의 완결된 컴퓨터로 만들어내는 데 있다.

이러한 접근은 애플 실리콘이라 불리는 독자적인 전용 칩셋이 있기에 가능하다. 예를 들어, 2024년 공개된 비전 프로 헤드셋에는 기존의 M2 칩과 함께 R1이라는 특별한 프로세서가 핵심적인 두 축으로 탑재되었다. R1 칩은 수십 개의 카메라, 센서, 마이크로부터 입력되는 방대한 데이터를 실시간으로 처리하는 역할을 전담한다. 그 결과, 외부의 빛이 사용자의 눈에 들어온 순간부터 화면에 이미지가 나타나기까지의 시간을 단 수 밀리초로 단축시킨다. 즉, 이 칩은 사용자가 현실과 가상을 지연 없이 자연스럽게 넘나들 수 있도록 센서 정보를 융합하는 '초저지연 센서 허브'의 역할을 수행한다.

이처럼 애플은 전용 반도체 설계와 통합 칩 전략을 통해 공간 컴퓨팅 기기의 성능과 경험을 완벽하게 지배하고자 한다. 이처럼 칩 설계부터 운영체제인 비전OS에 이르기까지 모든 요소를 수직 계열화하여, 하드웨어와 소프트웨어의 경계를 허문 '하나의 완성품'으로서 공간 컴퓨터를 제시하는 것이 바로 애플의 방식이다.

애플은 외부의 도움 없이 모든 핵심 기술을 내부에서 통제하는 수직 통합 전략을 통해 독자적인 기술 제국을 구축하고 있다. 이러한 독자 노선의 기반이 되는 것은 바로 자체 설계한 반도체이다. 실제로 비전 프로에 탑재된 M2 칩은 기존 Mac 컴퓨터와 동일한 애플 실리콘으로서 막강한 연산력을 제공하며, R1 칩은 멀티모달 센서 제어를 위해 최초로 설계된 특화 실리콘이다. 이를 통해 애플은 고성능 컴퓨팅 역량과 초저지연 센싱 기술을 동시에 확보했다. 그 결과 비전 프로는 뛰어난 디스플레이와 센서 시스템을 전례 없는 부드러움과 반응 속도로 구현해냈으며, 이는 하드웨어 혁신으로 공간 컴퓨팅의 사용성을 한 차원 끌어올린 대표적인 사례이다. 애플 제국은 이처럼 경쟁자들이 넘볼 수 없는 기술 격차의 벽을 실리콘으로 쌓아 올리고 있다.

이러한 폐쇄적인 전략은 완벽에 가까운 최적화라는 강력한 장점을 제공하지만, 생태계의 고립과 높은 가격이라는 명확한 단점을 동반한다. 가장 큰 장점은 통합 설계를 통해 경쟁사가 쉽게 모방할 수 없는 최상의 경험 품질을 제공한다는 점이다. 비전 프로에 구현된 아이사이트나 공간 센서 융합 인터페이스 등은 오직 전용 하드웨어가 있기에 가능한 혁신이다. 반면, 생태계의 폐쇄성은 단점으로 작용한다. 전 세계 다수의 공간 컴퓨팅 기기들이 공유하는 외부 플랫폼을 따르지 않고 애플만의 규격을 고수하기 때문에, 초기에는 지원되는 앱과 콘텐츠가 한정적일 수밖에 없다. 또한, 고사양 칩셋을 탑재함에 따라 기기 원가와 최종 판매 가격이 높아지는 문제도 피할 수 없다.

그럼에도 애플은 '하드웨어가 공간 컴퓨팅을 정의한다'는 확고한 신념 아래, 반도체 기술력을 핵심 무기로 시장을 선도하고 있다. 제왕적 리더십으로 시장을 주도하며 반도체 전쟁의 주요 승부처를 선점하는 것이다. 애플의 다음 목표는 더 작고 가벼운 스마트글래스 출시가 될 것이며, 그 제품에도 역시 한층 강화된 애플 실리콘이 핵심 무기로 탑재될 것이다. 자체 5G/6G 모뎀부터 새로운 MR 전용 칩까지 끊임없이 개발하며, 애플 제국은 반도체 기술력을 바탕으로 공간 컴퓨팅 시대의 절대 강자를 노린다. 스마트폰, 태블릿, PC 시장에서 증명했듯이, 애플은 '칩을 제어하는 자가 왕좌를 차지한다'는 사실을 누구보다 잘 알고 있다.

◀ 보이지 않는 곳에서 판을 짜는 퀄컴 ▶

애플과 정반대로 퀄컴은 특정 진영의 패권을 추구하는 대신, 다수의 제조사에 핵심 칩셋과 플랫폼을 제공하는 기술 인프라 제공자로서 개방형 생태계 전체를 지배하는 전략을 택했다. 이는 마치 삼국지에서 직접 천하 통일을 노리기보다 여러 군웅에게 무기와 군량을 공급하는 책사나 상인 군벌과 같은 위치이다. 퀄컴은 스마트폰 시대부터 모바일 AP_{Application Processor}(스마트 기기의 연산과 멀티미디어 기능을 담당하는 핵심 칩) 시장을 지배해왔다. 그 연장선에서

XR 디바이스용 칩 플랫폼을 선점하는 전략을 펼치고 있다. ‘누구나 XR 기기를 만들 수 있게 하는 엔진과 플랫폼’이라는 구호 아래, 스냅드래곤 XR 시리즈 칩셋과 개발 도구를 공급하며 XR 생태계 전체를 장악하는 것이다.

퀄컴의 스냅드래곤 XR 플랫폼은 사실상 애플을 제외한 모든 독립형 XR 헤드셋의 표준으로 자리 잡으며 시장의 심장부 역할을 하고 있다. 대표적인 무기는 스냅드래곤 XR2 플랫폼이다. 이 칩은 VR 및 AR 헤드셋 전용으로 설계된 시스템 온 칩 SoC(하나의 칩에 완전한 시스템을 구현한 반도체)으로, 애플을 제외한 거의 모든 독립형 XR 헤드셋에 채택되었다. 메타의 퀘스트 시리즈부터 HTC의 바이브 헤드셋, 피코의 기기에 이르기까지 시장의 표준으로 자리 잡은 것이다. 이처럼 퀄컴은 XR 기기의 핵심 부품을 공급하는 실질적인 엔진 공급자로서, 현재까지 가장 많이 판매된 메타 퀘스트 Meta Quest 시리즈를 포함해 기업용 AR 글래스와 산업용 스마트글래스 시장에 막대한 영향력을 행사하며 XR 시대의 기술 판도를 좌우하고 있다.

퀄컴의 지배력은 단순히 칩을 공급하는 것을 넘어, 하드웨어 레퍼런스 디자인부터 소프트웨어 개발 키트까지 포함하는 포괄적인 개방형 플랫폼을 제공하는 데서 비롯된다. 퀄컴은 다양한 파트너사들이 손쉽게 XR 기기를 개발할 수 있도록 포괄적인 지원을 제공한다. 대표적인 예가 안드로이드 기반 스마트글래스 앱 개발을 돕는 ‘스냅드래곤 스페이시스 Snapdragon Spaces’라는 XR 개발 플랫폼이다. 이처럼 퀄컴은 칩이라는 핵심 부품을 공급하며 영향력을 넓히는 동시에, 개발 생태계까지 지원하며 XR 시대의 핵심 플레이어로 자리매김했다.

퀄컴은 한발 더 나아가 초경량 스마트글래스 시장의 표준을 선점하기 위한 기술적 기반을 마련하고 있다. 2022년, 퀄컴은 초경량 스마트글래스용 칩셋인 '스냅드래곤 AR2 1세대' 플랫폼을 발표했다. 이 플랫폼의 핵심은 프로세싱 작업을 안경과 스마트폰에 분산시키는 혁신적인 구조이다. 이를 통해 안경 자체를 더욱 얇고 가볍게 만들면서 동시에 배터리 효율을 극대화했다. 이러한 기술을 기반으로 일본의 NTT도코모와 샤프가 새로운 스마트글래스를 개발하는 등, 퀄컴은 차세대 AR 글래스의 표준 설계까지 주도하려는 움직임을 보이고 있다.

퀄컴은 주요 파트너사들과 연합 전선을 구축하여 생태계 내에서의 주도권을 공고히 하는 전략을 구사한다. 퀄컴의 사업 방향은 다수의 XR 기기 업체에 직접적인 영향을 미칠 정도로 파급력이 크다. 실제로 2021년에는 메타와 전략적 제휴를 맺어 XR2 칩 공급을 장기화했으며, 삼성전자 및 구글과는 'XR 연합'을 결성하여 안드로이드 XR 생태계를 공동으로 구축하기로 합의했다. 퀄컴은 칩 공급을 기반으로 파트너십을 체결하고, 그 대가로 생태계의 주도권을 확보하는 것이다. 그 대표적인 결과물로 2025년 10월, 삼성전자는 구글 및 퀄컴과 협력하여 갤럭시 XR_{Galaxy XR} 혼합현실 헤드셋을 공개했으며, 이 기기에도 성능이 향상된 스냅드래곤 XR2+2세대 칩셋이 탑재되어 혼합현실 구현의 핵심을 담당한다. 이처럼 퀄컴은 주요 기술 동맹을 통해 XR 인프라에 대한 시장의 의존도를 더욱 높여가고 있다.

그러나 퀄컴의 지배적인 위치는 주요 파트너사들의 반도체 자립 시도와 중국발 기술 경쟁이라는 두 가지 중대한 도전에 직면해 있다. 첫 번째 도전은 애플처럼 자체 칩을 개발하려는 기업의 증가이다. 애플은 이미 아이폰부터 XR 기기까지 완전한 독자 칩 체제를 구축했으며, 메타 역시 장기적으로는 퀄컴 의존도를 줄이기 위해 맞춤형 실리콘Custom Silicon(특정 제품에 최적화하여 자체 설계한 반도체) 연구에 착수했다. 과거의 파트너들이 '반도체 자립'에 나설 경우 퀄컴의 입지는 축소될 수밖에 없다. 두 번째 도전은 심화하는 중국과의 기술 경쟁이다. 퀄컴은 오랫동안 중국 스마트폰 업체들에게 칩을 공급해왔으나, 미중 기술 분쟁으로 인해 중국 기업들이 자국산 칩 개발을 가속화하고 있다. 이미 일부 중국 AR 스타트업은 퀄컴 대신 자체 개발한 칩을 사용하여 애플보다 낮은 지연시간을 구현하는 성과를 내기도 했다. 향후 중국 업체들이 본격적으로 '탈 퀄컴'에 나선다면 시장의 판도가 흔들릴 수 있다.

현재 퀄컴은 직접 전면에 나서기보다 모든 전장을 지원하는 조력자로서 XR 반도체 왕국을 지배하고 있으며, 장기적으로는 종합 인프라 제왕으로 남는 것을 목표로 한다. 이러한 전략 덕분에 공간 컴퓨팅 초기 시장에서 사실상의 표준을 구축했고, 당분간 그 지위를 누릴 전망이다. 다만, 기술 자립을 꾀하는 거대 기업들과 가격 경쟁력을 앞세운 후발주자들 사이에서 퀄컴이 어떻게 혁신의 속도를 유지할지가 장기적인 성공의 관건이다. 이를 위해 퀄컴은 모바일 AP 시절부터 축적해 온 저전력 칩 기술, 무선통신 지식재산권IP, 그래픽처리장치 기술 등을 총동원하여 차세대 XR 칩을 준비 중이다. 궁극적으로 네트워크, 디바이스, 클라우드를 모두 연결하는 종합 플랫폼을 완성하여 공간 컴퓨팅 시대의 절대적인 인프라 제왕으로 자리매김하는 것이 퀄컴의 최종적인 야망이다.

AI 시대의 새로운 강자, 엔비디아

엔비디아는 공간 컴퓨팅을 'AI 렌더링 인프라'라는 독특한 관점으로 접근하며, 그래픽 처리와 인공지능 기술을 통해 가상과 현실의 융합을 주도한다. 엔비디아는 '모든 공간은 GPU 위에서 재구성된다'는 구호 아래, 전장 뒤편에서 최고의 병기인 그래픽처리장치로 모든 전투를 지원하는 군주와 같은 역할을 수행한다. 비록 VR이나 AR 헤드셋 같은 기기를 직접 만들지는 않지만, 강력한 그래픽 칩과 소프트웨어 플랫폼을 통해 XR 시대의 보이지 않는 손으로 작용한다. 엔비디아의 핵심 경쟁력은 전 세계가 인정하는 독보적인 GPU 기술력이며, 이는 현실감 있는 3D 그래픽을 실시간으로 구현하는 렌더링이 가장 까다로운 기술적 과제인 XR 분야에서 절대적인 강점으로 작용한다.

엔비디아는 독보적인 GPU 성능과 AI 기반 그래픽 기술을 XR에 적용하여, 클라우드 스트리밍을 통해 경량 기기에서도 고품질 그래픽 경험을 제공한다. 엔비디아는 PC와 콘솔 게임 시대부터 축적해 온 GPU 기술을 바탕으로 복잡한 가상 환경을 실시간으로 그려내는 데 탁월한 능력을 보인다. 특히 최근에는 빛의 경로를 추적하여 반사, 굴절, 그림자 등을 사실적으로 표현하는 렌더링 기법인 레이 트레이싱Ray Tracing과 저해상도 이미지를 인공지능을 통해 고해상도로 변환하는 기술인 DLSSDeep Learning Super Sampling 같은 인공지능 기반 그래픽 기술을 선도하고 있다. 이를 통해 한정된 하드웨어 자원으로도 최고 수준의 영상을 출력하는 역량을 갖추었다.

엔비디아는 이러한 기술적 강점을 XR 분야에 본격적으로 적용하기 위해 스트리밍 기술인 '클라우드XRCloudXR'을 개발했다. 클라우드XR은 고성능 서버에서 렌더링을 처리하고 그 결과를 5G나 와이파이 네트워크를 통해 VR/AR 기기로 전송하는 기술이다. 엔비디아는 고성능 GPU를 클라우드에 집중시키고, 최종 영상만을 사용자의 헤드셋으로 스트리밍하는 방식을 통해 작고 가벼운 기기에서도 슈퍼컴퓨터급의 그래픽을 체험할 수 있도록 만드는 것을 목표로 한다. 이미 다수의 산업 파트너들이 엔비디아의 클라우드XR 솔루션을 활용하여 원격 렌더링을 구현하고 있으며, 이는 복잡한 VR 훈련 시뮬레이션, 건축 설계, 대규모 다중 사용자 가상 세계 등 다양한 분야에 응용되고 있다.

엔비디아는 자사의 3D 협업 및 시뮬레이션 플랫폼인 옴니버스를 통해 디지털 트윈을 구축하고, 이를 산업용 XR과 결합하여 산업 현장을 지능화하는 데 집중한다. 옴니버스는 공장, 도시, 로봇 등 현실 세계의 대상을 가상 환경에 그대로 복제하는 디지털 트윈을 생성하는 플랫폼이다. 엔비디아는 이를 XR 기술로 시각화하여 산업 현장의 효율성과 안전성을 극대화하는 청사진을 그리고 있다. 예를 들어, 옴니버스에 특정 공장의 디지털 트윈을 구축하면 작업자는 AR 글래스를 착용한 채 실제 공장을 바라보는 것만으로도 실시간 가상 정보를 겹쳐서 볼 수 있다. 물류 로봇의 이동 경로, 기계의 현재 온도, 작업자의 안전 관련 정보 등이 눈앞에 즉각적으로 시각화되는 것이다.

이러한 기능은 인공지능 기술과 결합하여 산업 현장을 더욱 지능적으로 만들며, 이는 '모든 움직이는 것은 AI가 될 것'이라는 젠슨 황 CEO의 비전과 맞닿아 있다. 엔비디아는 AI 연산 가속을 위해 개발한 GPU 컴퓨팅 기술을 XR에 적극적으로 적용하여, 비전 AI가 공간 컴퓨팅 경험을 향상시키도록 지원한다. 손 제스처 인식, 현실 공간의 3D 매핑, 객체 식별 등 XR과 AI의 융합은 이미 필수적인 요소가 되었다. 엔비디아는 자사의 쿠다_{CUDA} 플랫폼, 텐서 코어_{Tensor Core}, AI 프레임워크 등을 활용해 이 분야의 기술 발전을 주도하고 있다.

엔비디아는 XR 기기 시장에 직접 참여하기보다, 생태계 배후에서 핵심 연산을 책임지는 '보이지 않는 인프라'로서의 전략적 위상을 공고히 하고 있다. XR 기기의 눈과 귀를 퀄컴이, 심장을 애플이 담당한다면, 그 모든 것을 관장하는 거대한 뇌는 엔비디아가 책임지는 구도라고 할 수 있다. 실제로 XR 산업의 수많은 영역이 엔비디아의 기술에 깊이 의존한다. 메타버스 플랫폼 개발사들 역시 엔비디아의 기술 위에 가상 세계를 구축하고 있다. 심지어 애플조차 비전 프로를 발표한 이후, 개발자들이 고품질 3D 콘텐츠를 제작할 수 있도록 엔비디아의 RTX GPU를 지원하는 엑스코드Xcode(애플의 통합 개발 환경) 시뮬레이터 환경을 제공했다. 이처럼 엔비디아는 직접 칩을 판매하지 않는 영역에서도 막대한 영향력을 행사하며, 공간 컴퓨팅 전체 기술 스택의 최상위 연산 담당자로 군림한다.

엔비디아가 그리는 미래는 클라우드, 엣지, 디바이스가 유기적으로 연결된 거대한 그래픽스 네트워크를 통해 현실 세계 전체를 그래픽처리장치 기반의 가상 공간으로 재구성하는 것이다. 그 미래 속에서 사용자는 가벼운 글래스 하나만 착용하면 클라우드 너머의 슈퍼컴퓨터가 실시간으로 생성하여 전송하는 사실적인 홀로그램과 인공지능 에이전트를 만날 수 있다. 현실 세계는 매 순간 스캔되어 GPU 상의 가상 공간으로 재구성되고, 그 위에서 인공지능이 다양한 시뮬레이션과 연산을 수행한다. 예를 들어, 자율주행차는 눈앞의 도시 풍경을 클라우드에 구축된 디지털 트윈으로 전송한다. 그러면 엔비디아 AI가 그곳에서 최적의 경로를 계산하여 다시 차량에 지시를 내리는 방식이 가능해진다. 산업 현장에서는 가상 시뮬레이션 환경인 옴니버스 공간에서 가상의 로봇을 수백만 번 학습시킨 뒤, 그 결과 모델을 실제 로봇에 내려받아 즉시 현장에 적용할 수 있다. 이렇듯 공간 컴퓨팅의 눈에 보이지 않는 모든 곳에 엔비디아의 칩과 소프트웨어가 스며들어 작동하는 미래, 이것이 바로 엔비디아가 추구하는 AI 렌더링 인프라의 완성된 모습이다.

이러한 원대한 비전을 실현하기까지는 해결해야 할 난제 또한 존재하며, 엔비디아는 클라우드 렌더링의 기술적 한계와 파트너십의 불확실성이라는 과제를 안고 있다. 현재 XR 기기는 대부분 모바일 기반으로 설계되어 전력 소모에 한계가 있으므로, 거대한 GPU를 직접 탑재하기 어렵다. 이를 해결하기 위한 클라우드 렌더링 역시 네트워크 지연 시간latency과 높은 운영 비용 문제를 해결해야만 대중화될 수 있다. 또한, 소프트웨어와 하드웨어를 모두 장악하며 강력한 통제력을 발휘하는 애플과 달리, 엔비디아는 생태계 파트너와의 협업이 필수적이어서 항상 변수가 발생할 수 있다. 그럼에도 엔비디아는 AI 시대를 맞이하여 기록적인 성장을 이어가고 있으며, XR 분야에서도 '엔비디아 없이는 혁신도 없다'는 평가를 받을 만큼 핵심적인 존재로 자리 잡았다. 이는 마치 직접 전장에 나서지 않고도 탁월한 병법과 기예로 전쟁의 향방을 뒤흔들었던 제갈공명과 같다. 엔비디아는 지략과 기술력으로 공간 컴퓨팅이라는 천하를 움직이며 업계의 이목을 집중시키고 있다.

현대 공간 컴퓨팅 반도체 전쟁에서 중국은 거대 내수 시장과 국가적 지원을 바탕으로 판도를 뒤흔들 수 있는 제4의 세력으로 급부상하고 있다. 과거 삼국지의 향방에 변방 세력의 움직임이 중요한 변수로 작용했듯, 오늘날 반도체 전쟁에서도 중국 진영은 결코 무시할 수 없는 존재가 되었다. 중국의 빅테크 기업과 스타트업들은 자국의 거대한 내수 시장을 발판으로 삼아 때로는 연합군처럼 협력하고, 때로는 개별 군주처럼 독자적인 행보를 걸으며 새로운 세력을 형성한다. 여기에는 스마트폰 강자인 화웨이, 샤오미, 오포 같은 대기업뿐만 아니라 엑스리얼XREAL, TCL, 로키드Rokid 등 유망한 스타트업들이 모두 포함된다. 이들은 아직 세계 무대에서 애플이나 퀄컴만큼 두각을 나타내지는 못했지만, 국가적 지원과 폭발적인 내수 경쟁을 통해 기술력을 빠르게 축적하고 있다. 일각에서는 중국의 수많은 AR 글래스 업체가 경쟁하는 상황을 '백경대전百鏡大戰', 즉 백 개의 안경이 벌이는 전쟁이라고 부를 정도이다. 이 치열한 경쟁은 중국 내에서 여러 강소기업의 성장을 이끌었고, 이제 이들은 글로벌 시장의 판도에까지 영향을 미치려 하고 있다.

중국 진영의 가장 큰 무기는 정부 주도의 강력한 육성 전략과 이를 뒷받침하는 거대한 시장 규모이다. 중국 정부는 AR과 VR을 포함한 디지털 경제를 차세대 성장 동력으로 지정하고 대규모 투자를 단행하고 있다. 시진핑 주석이 2025년 완공될 상하이 AI 단지를 시찰하며 직접 스마트 글래스를 체험했을 정도로 국가적 관심 또한 지대하다. 이러한 분위기 속에서 수많은 기업이 시장에 뛰어들며 기술의 백화제방百花齊放(온갖 꽃이 일제히 피어나는 모습)이 이루어졌다. 아이러니하게도 이러한 상황은 초기 미국 시장보다 중국의 AR 시장이 훨씬 더 활발한 기술 실험의 장이 되었다는 평가로 이어졌다. 치열한 경쟁은 자연스럽게 제품 가격 하락을 유도하여, 상당수의 중국 스마트 글래스는 50만 원대에 판매되고 있다. 반면, 미국의 동급 제품은 훨씬 비싸거나 여전히 시제품 단계에 머무는 경우가 많다. 이처럼 저가 경쟁과 폭넓은 사용자 피드백은 중국 기업들이 실력을 쌓고 혁신을 거듭할 수 있는 단단한 토양을 제공한다.

중국 기업들은 퀄컴에 대한 의존도를 낮추고 자체 기술 경쟁력을 확보하기 위해 독자적인 반도체 설계 및 인공지능 기술 통합에 나서고 있다. 특히 반도체 자립과 차별화 측면에서 중국 진영은 주목할 만한 성과를 내기 시작했다. 스타트업 엑스리얼은 퀄컴에 의존하는 대신 자체 설계한 'X1' 칩을 자사의 스마트 글래스에 탑재하는 데 성공했다. 그 결과 3밀리초에 불과한 낮은 지연 시간을 달성하며, AR 전용 칩을 성공적으로 내재화했다. 다른 AR 업체들 역시 AI와 AR의 통합을 위해 칩 연구에 뛰어들었다. TCL 산하의 레이네오RayNeo는 AI 모델을 구동하는 글래스를 개발하며 알리바바 클라우드와 협력해 AI 가속 엔진을 최적화했다. 로키드도 알리바바의 AI 모델을 활용하여 실시간 번역 기능을 구현했다. 이처럼 중국 AR 업계는 필요에 따라 직접 반도체를 설계하거나 클라우드 컴퓨팅을 활용하는 방식으로 기술 독립성을 키우고 있다.

화웨이 같은 중국의 대기업들은 기존 사업의 위기를 돌파하기 위한 방안으로 XR 시장에 적극적으로 뛰어들고 있으나, 미중 기술 갈등으로 인한 한계 또한 명확하다. 화웨이는 스마트폰 사업이 미국의 제재로 위기를 맞자, 이를 극복하기 위해 XR과 AI 기반 웨어러블 기기로 눈을 돌렸다. 2022년부터 '비전 글래스Vision Glass'와 같은 여러 종류의 AR 글래스를 선보였고, 최근에는 실시간 통역 등 AI 기능을 강조한 '화웨이 아이웨어 2Huawei Eyewear 2'를 출시했다. 향후 자체 모바일 칩 개발 과정에서 축적한 기술력을 AR 글래스용 시스템 온 칩 개발에 적용할 가능성도 충분하다. 다만 중국 진영 전체가 넘어야 할 난관도 존재한다. 미국의 수출 규제로 인해 최첨단 GPU나 EUV극자외선 노광 장비 수급에 어려움을 겪고 있어, 최고 성능의 자체 칩을 개발하는 데에는 분명한 한계가 있다. 또한 소프트웨어 생태계 측면에서 서구권의 핵심 콘텐츠와 개발자 풀을 확보하기 어려워 글로벌 표준 경쟁에서 다소 고립될 수 있다는 점도 약점으로 지적된다.

중국은 빠른 실행력과 거대한 내수 시장을 바탕으로, 기존의 공간 컴퓨팅 반도체 삼국 체제를 위협할 강력한 다크호스로 평가받는다. '기술 굴기'를 기치로 내건 중국의 주요 기업들은 향후 5년에서 10년 내에 애플, 퀄컴, 엔비디아가 구축한 현재의 판도에 균열을 낼 충분한 잠재력을 지닌다. 따라서 중국의 부상은 공간 컴퓨팅 반도체 삼국지의 향방을 가늠할 매우 중요한 변수가 된다.

◀ 과거의 영광을 되찾으려는 인텔·삼성·AMD ▶

한때 반도체 시장을 호령했던 인텔, 삼성전자, AMD와 같은 전통의 강자들 역시 XR이라는 새로운 기회를 맞아 반격을 준비하고 있다. 현재 공간 컴퓨팅 신세계의 쟁탈전이 새로운 세력들을 중심으로 전개되고 있지만, 반도체 시대를 풍미했던 옛 강호들 또한 조용히 때를 기다리는 것은 아니다. 이들 PC 기반 반도체 리더들은 마치 삼국지 이전 춘추전국시대의 패왕들처럼 한 시대를 주름잡았으나, 모바일 혁명의 흐름 속에서 잠시 주춤했다. 그러나 이들도 XR이라는 새로운 판이 열리자 과거의 위상을 되찾기 위한 반격을 준비하고 있다. 비록 이들의 행보가 아직 독자적인 세력을 형성할 정도는 아니지만, 그 존재감은 결코 무시할 수 없다. 특히 모바일과 PC 시장을 모두 아우르는 강자인 삼성전자는 XR 시대에 독자적인 노선을 구축할 잠재력이 매우 크다.

◀ 종합 반도체 제국을 재건하려는 인텔 ▶

과거 반도체 제국으로 불렸던 인텔은 모바일 시대의 부진을 딛고, 자사의 종합적인 기술 역량을 활용해 XR 시장에서 새로운 기회를 모색하고 있다. 한때 '세계 반도체 제국'으로 군림했지만 스마트폰 시대에 제대로 적응하지 못해 어려움을 겪었던 인텔은, 최근 '컴퓨팅의 미래를 주도하겠다'는 목표 아래 적극적인 변신을 시도하고 있다. 인텔은 아크Arc GPU를 출시하며 그래픽 사업에 재도전하는 한편, 고효율 x86 코어 개발에 집중하며 엣지 컴퓨팅과 PC VR 시장에서의 주도권을 놓치지 않겠다는 전략을 펼치고 있다. 비록 독자적인 XR 기기 플랫폼을 보유하고 있지는 않지만, 현재 시장에 출시된 PC VR 헤드셋의 상당수는 인텔 CPU 기반의 게이밍 PC와 연결하여 작동한다.

인텔은 과거 XR 기기 개발 시도에서 축적된 경험과 기술을 바탕으로 생태계 지원에 나서며 영향력을 유지하고 있다. 인텔은 과거 '프로젝트 얼로이Project Alloy'라는 올인원 VR 헤드셋 시제품을 공개했으며, '본트Vaunt'라는 스마트 글래스 프로토타입을 개발하다 중단한 이력이 있다. 최근 인텔은 자사의 뎁스 카메라 기술인 '리얼센스RealSense'를 오픈소스로 공개하여 AR/VR 개발자들에게 제공했으며, 개방형 표준인 오픈XROpenXR 지원에도 적극적으로 참여하고 있다.

인텔의 가장 큰 잠재력은 세계적인 파운드리Foundry(반도체 위탁생산) 기업으로 도약하려는 야심 찬 계획에 있다. 만약 인텔이 애플이나 퀄컴과 같은 팹리스Fabless(반도체 설계 전문 기업)의 칩을 대량 생산하는 데 성공한다면, XR 칩 생산의 한 축을 담당하며 생태계

내에서 강력한 영향력을 확보할 수 있다. 인텔은 '모든 것이 스마트한 세상'에서 CPU뿐만 아니라 센서 허브, 모뎀, FPGA(프로그래밍 가능한 비메모리 반도체) 등 다양한 칩을 아우르는 종합 솔루션 업체로의 변신을 꾀하고 있다. XR 역시 이러한 거대 전략에서 빼놓을 수 없는 핵심 조각으로, 현재는 물밑에서 기회를 엿보는 단계라고 할 수 있다. 한때 천하를 호령했던 자존심을 가진 만큼, 인텔은 적절한 돌파구만 찾는다면 언제든 반격의 포성을 울릴 수 있는 저력을 갖추고 있다.

<h2 align="center">◀ 모든 것을 갖춘 삼성전자의 귀환 ▶</h2>

삼성전자는 스마트폰, 메모리 반도체, 자체 AP 설계 및 생산 능력을 모두 갖춘 독보적인 위치를 바탕으로 XR 시장의 주도권을 되찾기 위해 본격적으로 나서고 있다. 글로벌 스마트폰 시장 1위이자 메모리 반도체 최강자인 삼성전자는 자체 모바일 AP애플리케이션 프로세서인 엑시노스Exynos를 설계하고 파운드리 사업까지 영위하는 독특한 기업이다. 2010년대 중반에는 오큘러스와 협력하여 '기어 VRGear VR'을 출시하며 VR 대중화의 기틀을 마련한 바 있다. 최근에는 구글, 퀄컴과의 협력을 통해 '갤럭시 XR' 헤드셋 출시를 예고하며 시장 복귀를 공식 선언했다. 삼성이 다시 XR 디바이스 시장에 뛰어든 것은 스마트폰 이후의 차세대 컴퓨팅 플랫폼 경쟁에서 주

도권을 놓치지 않겠다는 강력한 의지의 표명이다.

삼성은 디스플레이, 메모리 등 핵심 부품 경쟁력과 자체 AP 설계 역량을 결합하여 안드로이드 진영의 새로운 강자로 부상할 잠재력을 지니고 있다. 반도체 측면에서 삼성의 강점은 스마트 글래스용 디스플레이인 마이크로LED나 OLEDoS OLED on Silicon 분야에서의 세계적인 기술력, 그리고 초고속·저전력 메모리 생산 능력에 있다. 2017년 프로토타입에 그쳤지만, 엑시노스 VR칩과 같은 혁신을 시도했던 것처럼 만약 삼성이 자체 AP인 엑시노스 기반의 XR 전용 칩을 개발하거나, AMD로부터 RDNA GPU 아키텍처 라이선스를 확보하여 모바일 GPU 성능을 극적으로 끌어올린다면, 안드로이드 진영을 대표하는 새로운 강자로 자리매김할 가능성이 충분하다. 부국강병의 토대를 모두 갖춘 유능한 군주와 같은 삼성전자는 과거의 시행착오에서 얻은 교훈을 바탕으로, 이번에는 더욱 확실한 전략을 통해 XR 시장 판도에 강력한 영향력을 행사하려 할 것이다.

◀ 핵심 기술 공급자로 부상한 AMD ▶

오랜 경쟁 끝에 재기에 성공한 AMD는 특정 XR 기기에 핵심 반도체를 공급하는 파트너로서 공간 컴퓨팅 시장에서 영향력을 확대하고 있다. AMD는 그래픽과 컴퓨팅 기술 양면에서 엔비디아와 인텔의 오랜 경쟁자이다. 오랜 기간 CPU와 GPU 분야에서 선두 주자에 가려져 있었으나, 최근 CPU '젠Zen' 아키텍처의 성공과 차세대 GPU 제품군을 통해 성공적으로 재기했다. 공간 컴퓨팅 분야에서 AMD의 가장 주목할 만한 행보는 미국의 AR 스타트업 매직리프Magic Leap와의 협력이다. 매직리프는 2022년에 출시한 자사의 두 번째 AR 헤드셋 '매직리프 2'의 핵심 반도체로 AMD의 칩을 채택했다.

AMD는 특정 파트너와의 기술 협력을 통해 XR 시장에서 핵심적인 조연 역할을 수행하며 그 영향력을 입증하고 있다. 미국의 AR 스타트업 매직리프는 2022년에 출시한 '매직리프 2'에 AMD의 Zen2 x86 SoC를 탑재하여 현존하는 AR 기기 중 최고 수준의 연산 성능을 달성했다. 이는 퀄컴 등 ARM 기반 칩이 주도하던 AR 기기 시장에서 x86 아키텍처가 이례적으로 진출한 사례이다. 덕분에 매직리프 2는 기업용 AR 헤드셋 중 가장 강력한 처리 능력을 과시하며, 의료 수술 보조나 군사 훈련과 같은 고사양 AR 애플리케이션에 성공적으로 투입되고 있다. AMD의 입장에서는 자사의 모바일 반도체 기술이 XR 디바이스에서도 충분히 경쟁력이 있음을 증명한 것이다.

AMD는 과거 콘솔 게임 및 컴퓨팅 분야에서 쌓아온 전문성을 바탕으로 XR 시장에서도 기술적 우위를 제공할 수 있다. 소니의 플레이스테이션 VR2나 마이크로소프트의 홀로렌즈와 같이 과거 콘솔 및 PC 기반 XR 프로젝트에 참여한 전례가 있다. 이처럼 멀티

미디어와 게임 분야에 깊은 전문성을 갖춘 AMD는 XR 환경에서도 고품질 그래픽 경험을 지원할 역량을 갖추고 있다. 또한, AMD가 인수한 자일링스Xilinx의 FPGA 및 적응형 SoC 기술은 향후 AR 글래스의 영상 처리 장치나 인공지능 가속 용도로 응용될 가능성이 크다. 결론적으로 AMD는 직접 XR 시장을 주도하기보다는, 여러 파트너와 전략적 협력을 맺으며 강력한 조력자 역할을 수행할 전망이다.

인텔, 삼성, AMD로 대표되는 기존의 PC 및 모바일 반도체 강자들은 각자의 핵심 역량에 기반한 차별화된 방식으로 공간 컴퓨팅 시대에 참여하고 있다. 인텔은 저변의 컴퓨팅 파워 제공자로서 엣지Edge와 네트워크 인프라를 담당하고자 한다. 삼성은 완성 기기 제조사이자 핵심 부품 공급자로서 전방위적인 영향력을 행사하려 하며, AMD는 특정 파트너와 긴밀히 협력하여 자사의 기술력을 시장에 스며들게 하는 전략을 취한다. 이들의 공통점은 이미 방대한 기술 특허와 생산 능력을 보유했다는 사실과, 아직 XR 시장에서 본격적인 주도권을 쥐지는 못했다는 점이다.

기존 강자들은 비록 현재 주도권을 잡지 못했지만, 이들의 향후 행보는 전체 시장 판도를 뒤흔들 수 있는 중요한 변수로 남아있다. 마치 삼국지 시대에 관중과 초원 지역의 세력이 막판에 결정적인 역할을 했던 것처럼, 이들 전통 강호의 움직임이 판세를 바꿀 여지는 충분하다. 기술의 융합이 가속화되는 현대 산업 환경에서 이들은 신흥 강자들과 협력하거나 경쟁하며 새로운 동맹을 구축할 수 있다. 예를 들어, 삼성은 현재 퀄컴 및 구글과 연합했지만 향후 독자적인 칩을 선보일 수 있으며, 인텔은 중국 파트너와 손잡고 새로운 XR 표준을 만들어갈 수도 있다. 반도체 시장의 오랜 강자들이 펼치는 반격은 이제 막 시작 단계에 불과하지만, 그 잠재력은 결코 과소평가할 수 없다.

반도체 기술은 공간 컴퓨팅의 심장

현재 공간 컴퓨팅 반도체 시장은 삼국지를 넘어, 다섯 강국이 복잡하게 경쟁하는 구도를 보이며 이는 몇 가지 중요한 통찰을 제공한다. 애플, 퀄컴, 엔비디아가 주도하는 삼국이 중심에 있고, 거대한 내수 시장을 등에 업은 중국 진영이 강력한 변수로 부상했으며, 인텔, 삼성, AMD와 같은 옛 강호들이 측면에서 힘을 비축하고 있다. 이러한 다섯 세력의 경쟁 구도를 통해 미래 시장의 향방을 예측할 수 있다.

공간 컴퓨팅 기술의 발전은 본질적으로 반도체 기술의 혁신과 그 운명을 같이한다. XR 기기의 성능, 무게, 발열, 배터리 지속 시간과 같은 모든 핵심 지표는 전적으로 칩 기술의 혁신에 달려 있다. 애플의 R1 칩과 같은 특화된 반도체가 등장해야 센서 데이터 처리 지연을 획기적으로 줄일 수 있고, 퀄컴의 XR2와 같은 고성능 통합 SoC가 있어야 강력한 성능의 독립형 헤드셋이 가능해진다. 즉, '반도체는 공간 컴퓨팅의 심장'이라고 할 수 있다. 따라서 앞으로도 이 영역에서는 새로운 칩 설계, 공정 미세화, 3D 적층 기술 등 최첨단 반도체 혁신을 둘러싼 치열한 경쟁이 계속될 것이다

시장은 단일 승자가 모든 것을 독식하기 어려운 구조이며, 각 세력은 고유의 강점을 바탕으로 서로 다른 영역에서 공존하며 경쟁할 것이다. 각 세력은 주력 분야와 지향점이 다르므로 당분간은 공존과 경쟁이 혼재하는 양상이 지속될 가능성이 크다. 예를 들어, 애플은 프리미엄 틈새시장을, 퀄컴은 폭넓은 개방형 생태계를, 엔비디아는 산업용 인프라 시장을 장악하며 각자의 영역에서 1위가 될 수 있다. 이는 시장 전체를 확장하는 긍정적인 경쟁으로 작용할 수도 있지만, 반대로 표준이 난립하거나 기기 간 호환성 문제가 발생하는 부작용을 낳을 위험도 내포한다. 오픈XR과 같은 개방형 표준의 중요성이 강조되는 이유가 바로 여기에 있다. 향후 상호운용성을 확보하면서도 각자의 강점을 살리는 방향으로 협력이 이루어진다면 시장 전체의 성장을 이끌 수 있지만, 폐쇄적인 생태계 간의 대립이 심화되면 소비자 혼란만 가중될 수 있다

미중 갈등으로 대표되는 지정학적 구도는 기술 생태계의 블록화 현상을 심화시키며, 공간 컴퓨팅 반도체 시장 역시 두 진영 간의 패권 경쟁으로 재편될 가능성이 크다. 미국과 동맹국 진영 대 중국 진영으로 기술 생태계가 양분되는 거대한 흐름이 반도체 삼국지에도 그대로 투영되고 있다. 미중 갈등으로 인해 화웨이는 퀄컴 칩을 사용할 수 없게 되어 자체 칩 개발을 서두르고 있으며, 미국 정부

는 중국의 인공지능 기술 발전을 견제하기 위해 엔비디아의 최첨단 GPU 수출을 규제하고 있다. 이러한 외부 압력은 역설적으로 중국이 자체 GPU 기업을 육성하고 XR 칩 개발을 독려하는 기폭제가 되고 있다. 결국 장기적으로 미국 중심 진영과 중국 중심 진영 간의 반도체 패권 경쟁이 XR 분야에서도 본격적으로 펼쳐질 가능성이 높으며, 이는 마치 삼국지 후반부가 두 개의 거대 국가로 재편되는 양상과 유사하다.

다만 기술적으로는 글로벌 표준과의 호환성이 중요하기에, 양 진영이 완전히 분리되기보다는 부분적인 분화의 형태로 전개될 가능성이 크다.

◀ 부상하는 AI와 NPU의 중요성 ▶

공간 컴퓨팅의 발전에 따라 인공지능의 역할이 결정적으로 중요해지고 있으며, 이는 반도체 경쟁의 축을 바꾸고 있다. 공간 컴퓨팅 환경에서는 단순한 그래픽 처리 능력 외에도, 사용자의 맥락을 인지하고 의도를 파악하며 주변 환경을 실시간으로 이해하는 고도의 AI 연산 과제가 핵심이 된다. 이에 따라 애플, 퀄컴, 엔비디아와 같은 주요 주자들은 모두 자사의 칩 내부에 AI 가속 성능을 대폭 강화하는 추세이다. 애플 비전 프로에 탑재된 M2 칩에는 16코어 뉴럴 엔진Neural Engine이 포함되어 있으며, 퀄컴의 스냅드래곤 XR2

칩셋은 헥사곤Hexagon AI 엔진을 내장했다. 엔비디아는 두말할 필요 없이 AI 기술을 중심으로 모든 전략을 전개하고 있다.

결국 AI와 XR이 결합된 '공간 지능Spatial Intelligence'이 미래 컴퓨팅의 핵심으로 부상할 것이며, 이는 반도체 경쟁의 주 무대가 기존의 CPU와 GPU에서 NPUNeural Processing Unit, 신경망처리장치와 센싱 칩으로 확장됨을 의미한다. 이미 애플은 UWBUltra-Wideband 칩을 통해 정밀한 공간 인식을 구현하고 있으며, 구글의 텐서Tensor 칩은 TPUTensor Processing Unit를 활용하여 실시간 번역과 같은 AI 기능을 수행하는 등, 보조 프로세서를 둘러싼 경쟁은 본격적으로 시작되었다. 가까운 미래에는 이미지 신호 프로세서ISP, 모션 코프로세서, 무선 통신 칩 등이 하나의 칩에 모두 통합된 완전한 형태의 '공간 컴퓨팅 SoC'가 출현할지도 모른다.

공간 컴퓨팅 시장은 단기적으로 여러 세력이 공존하는 혼조세를 보이겠지만, 장기적으로는 소수의 핵심 플랫폼으로 융합될 가능성이 높다. 향후 2~3년간은 각 세력이 서로 다른 영역에서 강점을 보이는 다원적 구도가 이어질 전망이다. 애플이 프리미엄 제품으로 새로운 시장 카테고리의 성장을 주도하고, 퀄컴은 개방형 생태계를 기반으로 중저가 시장을 넓히며, 엔비디아는 산업용 B2B 분야에 집중하고, 중국은 거대한 내수 시장을 중심으로 성장하는 식이다. 그러나 5년 이상의 장기적인 안목으로 보면, 기술과 표준의 통합은 불가피한 수순이다. 스마트폰 시장이 초기에 심비안, 블랙베리, 윈도우 모바일, 안드로이드 등이 난립하다가 결국 iOS와 안드로이드라는 양강 체제로 수렴되었듯, XR 생태계 역시 소수의 주요 플랫폼으로 압축될 것이다.

그 통합 과정에서 누가 최종적인 패권을 쥘지는 단언하기 어렵지만, 궁극적으로는 사용자에게 최고의 경험을 제공하는 쪽이 승리할 가능성이 크다. 그리고 그 사용자 경험의 질을 결정하는 가장 핵심적인 요소가 바로 반도체 기술력이다. 그러므로 각국의 기업들은 앞으로도 공간 컴퓨팅 반도체라는 전선에 조직의 사활을 걸고 치열한 경쟁을 벌일 것이다.

◀ 기술을 넘어선 패권 경쟁의 서사 ▶

공간 컴퓨팅 반도체 패권 경쟁은 단순히 기술력의 대결을 넘어, 전략과 시운이 교차하는 한 편의 서사시와 같다. 현재의 판국은 누구 하나 만만치 않은 강자들이 각축을 벌이는 춘추전국시대의 양상을 띠고 있지만, 역사가 증명하듯 결국 승자는 나타날 것이다. 어쩌면 승패를 가르는 결정적 변수는 기술 그 이상의 요소일지도 모른다. 삼국지에서도 인물의 관계, 탁월한 전략, 시대의 흐름을 읽는 운이 작용했듯이, 현대 기술 전쟁에서도 핵심 인재 영입, 선제적인 전략적 제휴, 거시 경제 상황과 같은 변수들이 승패를 좌우할 수 있다.

어떤 경우든, 오직 준비된 자만이 역사가 주는 기회를 붙잡을 수 있다. 현재 반도체 삼국지의 각 주역들은 저마다의 방식으로 미래의 운명을 쟁취하기 위해 만반의 준비를 갖추고 있다. 과연 이 다섯 강국 중 누가 공간 컴퓨팅 시대의 진정한 패권을 거머쥘지, 그 결말은 아직 쓰이지 않았다.

분명한 사실은 이 치열한 경쟁이 공간 컴퓨팅 기술의 진화를 극적으로 가속하고 있으며, 궁극적으로 인류에게 새로운 경험의 세계를 열어주고 있다는 점이다. 역사는 승자의 손에 의해 쓰이지만, 그 과정에서 만들어진 혁신은 모두의 자산으로 남는다.

'천하는 오랫동안 나뉘어 있으면 반드시 합쳐지고, 합쳐져 있으면 반드시 나뉜다(分久必合 合久必分)'는 『삼국지연의』의 첫 문장처럼, 이 거대한 서사시의 끝에서 기술 표준의 통일과 함께 새로운 패러다임이 탄생할 것이다.

일상의 혁명

어제의 상상이
오늘의 일상이 되다

출근 없는 출근
거실이 오피스가 되고 안경이 개인 비서가 되는 삶

우리는 지금, 손바닥 위 사각형 화면에 갇혀 있던 디지털이 방을 가득 채우는 순간을 마주하고 있다. 2차원의 경계가 허물어지고, 물리적 세계와 디지털 세계가 하나의 공간 위에서 겹치고 확장된다. 정교하게 복제된 도시의 디지털 트윈 위에 AI가 얹히고, 우리의 시선과 손짓, 목소리를 이해하며 환경과 상호작용하는 경험—바로 공간 컴퓨팅의 일상이 시작되는 장면이다. 여기에 스스로 감지하고 판단하며 움직이는 AI가 더해지면, 현실과 가상을 구분하는 일은 더 이상 유의미하지 않을지 모른다.

하지만 이 변화는 단지 시각적 차원의 혁신이 아니다. 인지와 주의, 기억과 판단이라는 인간 내부의 관념과 의식을 다시 그리는 일이기도 하다. 앞에 놓인 와인잔을 바라보면 빈티지와 향에 관한 레이어가 조용히 눈앞에 떠오르고, 낯선 거리의 간판을 스칠 때 그 장소의 역사와 안전 정보가 보이지 않는 잉크처럼 살짝 드러난다. 알고 싶을 때, 필요한 만큼만, 그 자리에서 우리와 상호작용하면서 지식은 더 이상 '검색의 대상'이 아니라 눈으로 보고 손으로 만질 수 있는 경험으로 바뀐다.

공간 컴퓨팅은 디지털 정보가 현실 공간에 스며드는 생태계를 형성한다. 예를 들어 AR 기술은 지리정보와 연계된 디지털 오브젝트를 현실 속 특정 위치에 띄워놓을 수 있다. 박물관에선 관람객이 스마트폰을 비추면 유적의 옛 모습을 실감 나게 복원해서 보여주고, 길거리에서는 스마트 안경을 쓴 사람이 건물 벽에 남겨진 디지털 낙서나 표지판을 볼 수도 있다. 공간 앵커링 기술을 활용하면 디지털 콘텐츠를 현실 좌표에 연결해둘 수 있어, 모든 사람이 공유하는 하나의 거대한 디지털 레이어가 지구 표면을 덮게 될 전망이다. 이는 일종의 AR 클라우드 혹은 메타버스의 인프라로 볼 수 있다. 기업들은 이미 전 세계 공간을 정밀하게 3D로 스캔하고 지도화하는 한편, 다중 사용자들이 동일한 장소에서 AR 객체를 함께 볼 수 있는 '공간 인터넷'을 구축하고 있다.

이 디지털 생태계에서 AI는 중추적인 역할을 한다. AI는 방대한 공간 데이터를 실시간으로 처리해 사용자에게 필요한 정보를 맥락에 맞게 제공하고, 가상 환경을 자동으로 구성해준다. 예컨대

AI 비서가 내 안경 화면에 길을 안내하고, 내 주변 사람들의 얼굴을 인식해 이름과 정보를 표시해주며, 내가 찾는 물건이 어디 있는지 화살표로 가리켜 주는 증강 현실을 상상해보자. 현실의 사물 위에 디지털 정보를 직접 겹쳐 보여줌으로써 사람들은 물리적·디지털 세계를 동시에 처리할 수 있게 된다. 인간과 기계, 데이터와 환경이 끊김 없이 연결되는 상호작용은 마치 사람과 기계가 공통의 공간 이해를 공유하는 듯한 조화를 이끈다.

그러나 대중화를 위해서는 웨어러블이 가진 한계라는 난제를 외면할 수 없다. 무게, 배터리, 가격, 사회적 시선이라는 제약은 언제 누구에 의해 해결될 것인가? 도시와 건물, 상점과 공장에서 앵커로 고정된 디지털 객체는 누가 만들고, 어떻게 유지하며, 어떤 규칙으로 유통될 것인가? 교육과 의료, 제조와 물류에서 공간컴퓨터는 어떻게 효율만이 아니라 신뢰와 안전이라는 가치를 더할 것인가?

그리고 마지막으로 우리는 인간이라는 가장 중요한 변수로 돌아온다. 늘 기억해주는 기계는 우리의 기억을 해방하는가, 무디게 하는가? 늘 안내하는 인터페이스는 우리의 판단을 예리하게 하는가, 흐리게 하는가? 새로운 도구는 늘 인간에게 양날의 칼이다.

공간컴퓨터의 성공은 결국 최첨단 기술 자체가 아니라, 인간의 실존과 자율을 중심에 세우는 디자인이 결정하게 될 것이다. 동시에 질문도 생긴다. 항상 보정된 현실을 사는 우리는 무엇을 진짜로 보았다고 말할 수 있을까? 기억의 노동을 덜어주는 도구는 우리의 기억력을 해방하는가, 혹은 약화하는가? 공간 컴퓨팅은 편리함과 함께 존재와 자율성에 대한 철학적 물음을 우리 손에 쥐여준다. 그렇다면 이 거대한 변화는 '원리'가 아니라 '생활' 속에서는 어떻게 나타날까. 이제 우리는 2030년의 어느 평범한 아침으로 들어가, 공간 컴퓨팅이 일상의 화면과 동선을 어떻게 바꾸는지부터 구체적으로 따라가 보자.

◀ 현실과 가상의 경계선이 흐려진다 ▶

2030년의 평범한 어느 날 아침, 카페에 앉아 커피를 음미한다. 그의 눈에는 세련된 패션안경처럼 보이는 스마트글래스가 걸려 있고, 렌즈 너머로는 오늘의 일정과 뉴스 헤드라인이 눈 앞을 떠다닌다. 주위 사람들에게는 투명한 렌즈일 뿐이지만, 그에겐 현실 세계 위로 겹쳐진 디지털 정보가 선명하게 보인다. 샤워를 마치고 나와 착용한 렌즈 위에는 오늘의 컨텍스트가 얹힌다. 오늘의 일정과 중요 메시지가 벽과 복도 사이를 따라 자연스럽게 눈 앞에 다다르고, 현관문을 열면 허공에 겹쳐진 화살표가 첫 일정지까지의 최적 경로를 안내한다. 따로 스마트폰을 꺼내 보지 않는다. 이동하는 내내 음성으로 요청하면 지체 없이 응답을 해주며, 걸어가면서도 정보를 확인하고 회사 동료와 메신저로 메시지를 주고 받는다.

오전에 중요한 발표가 있는 날, 나는 지하철을 타고 출근한다.

가는 길에 마지막으로 자료를 리뷰하고 발표 준비를 할 요량이다. 눈동자만으로 문서의 중요한 차트를 훑고, 손가락을 가볍게 튕겨 다음 슬라이드로 넘긴다. 내가 앉아 있는 지하철은 더 이상 공공의 공간이 아니다. 준비하고 있던 회의자료는 허공 위로 떠올라 실물 3D 크기로 내 눈앞에서 회전한다. 나의 공간으로 스트리밍 되고 디스플레이되면서 장소나 물리적인 디스플레이 여부에 구애받지 않고 원하는 자료를 찾아보고 웹을 검색한다.

이 장면은 SF 영화가 아닌, 이미 몇 년 전부터 등장하기 시작한 현실이다. 애플, 메타, 구글 등 기술 거인들이 앞다투어 선보인 애플 비전 프로와 메타 AI 글래스, 구글의 스마트글래스들과 같은 공간 컴퓨팅 기기들 덕분에 현실이 되었다. 여기서 핵심은 단순히 "화면이 커졌다"가 아니다. 스마트폰에서 늘 하던 검색·문서·메신저·회의 준비가, 장치의 경계 없이 공간으로 스며든다는 점이다. 우리가 움직이는 동선 자체가 인터페이스가 되고, 정보는 '찾는 것'이 아니라 '겹쳐지는 것'이 된다.

그런데 진짜 전환점은 여기서부터다. 공간 위에 정보가 뜨는 것만으로는 아직 '편리한 디스플레이'에 머문다. 공간 컴퓨팅이 생활을 바꾸는 결정적 순간은, 그 디스플레이가 AI 에이전트와 결합해 '나를 이해하는 동반자'로 진화할 때 찾아온다.

안경을 쓰면 AI 비서가 눈앞에 나타난다

현실세계에서 마주할 공간 컴퓨팅의 진정한 위력은 AR, MR 스마트글래스가 AI 에이전트와 융합될 때 폭발한다. AI 에이전트가 나와 같은 시각으로 세상을 보고, 내가 듣는 것을 들으며, 내가 있는 곳에서 필요할 때 손을 쓰지 않고도 도와줄 수 있다면 어떨까?

AI가 내 눈과 귀가 되어 주변 세상을 실시간으로 인식하고, 내가 묻기도 전에 맥락을 파악하여 도움을 준다면 이는 단순히 명령을 따르는 도구가 아니라 사용자 의도를 이해하고 상황의 맥락을 다차원적으로 해석하며 자연스럽게 대화로 대응하는 새로운 유형의 AI 동반자가 될 것이다. 사용자의 맥락을 기억하고 필요를 예측하며 인간처럼 소통하면서, 토니 스타크의 눈에 비치는 자비스처럼 나만을 위한 지능형 비서가 눈앞에 항상 함께하는 시대가 다가오고 있는 것이다.

AI 융합 글래스 기반의 공간 컴퓨팅이 실현되면 우리의 인지와 삶은 빠르게 바뀐다. 길을 걷다 모르는 동식물이나 건축물을 보며 글래스를 통해 그것을 가리키거나 바라보기만 해도 AI가 바로 정보를 알려 준다. 루브르 박물관에서 더 이상 오디오 가이드를 대여할 필요도, 도슨트 투어에 참가하기 위해 기다릴 필요도 없다. 마음에 드는 작품 앞에 서면 비전 AI가 내가 바라보는 그림을 인식하고 설명을 시작한다. 원하는 목소리와 말투, 성격을 가진 에이전트가 설명해주니 귀에 쏙쏙 들어온다. 중간에 물어보면 유머를 섞어 더 깊이 있게 설명해주고, 질문이 많아도 눈치 볼 필요가 없다. 중요한 작품을 그냥 지나칠 순간에 걸음을 멈추게 하고, 내 취향과 관심에 맞게 동선을 실시간으로 안내해 주기도 한다. 손끝으로 공중에 동그라미를 그려 사물을 선택하면 바로 정보를 검색해주고, 생성형 AI로 현장의 작품과 함께 사진을 찍어준다. 말 그대로 보이는 모든 것에 대한 백과사전이자, 나만을 위한 자비스가 내 눈 앞에 늘 함께 따라다니는 셈이다.

마트에서는 실시간 가격 검색이 기본이 된다. 어떤 제품이 더 평점이 좋고 성분이 좋은지 스마트폰으로 일일이 검색하지 않아도 쳐다보는 것만으로 가능해진다. 알레르기 정보와 이전 구매이력을 알고 있어 특정 제품을 선택하면 적절한 정보를 알려주어 구매를 돕고, 실시간으로 구매하는 제품들의 가격을 합산한다. 집에 남아 있는 제품의 재고정보와 연동되어 불필요한 구매를 방지하는 데도 큰 도움이 된다. 처음 보는 제품은 설명을 해주는 것은 물론이고, 적절한 제품을 추천하고 잘 어울리는 제품을 페어링해 줄 수도 있다. 바지나 티셔츠를 구매할 때는 제품을 실측하여 가상 피팅을 도와주기도 하고, 온라인에 유사한 제품이 있는지 검색도 할 수 있다. 나의 시각을 공유하다 보니 내가 모르거나 인지하지 못한 정보에 대해서 도움을 받을 수 있고, 나중에 지나쳤던 정보를 리콜하여 복기할 수도 있다.

주방에서도 변화는 이어진다. 요리를 하며 레시피에 대한 단계적인 코칭을 받을 수 있고, 재료가 부족하면 적절한 조리법을 찾아 최적화된 레시피로 변형을 해줄 수도 있다. 라면을 끓일 때 자동으로 타이머가 눈앞에 뜨고 카운팅을 하며, 커피를 내릴 때 적절한 양과 시간을 재준다. 밥을 먹을 때 먹었던 음식을 기록하고 몇 분간 식사했는지, 몇 번을 씹어 삼켰는지, 어느 정도의 칼로리를 섭취했는지 자동으로 기록하고 계산하고 트래킹해주는 것도 가능하다. 먹는 것과 운동, 건강상태와 연동되면 보다 정확하고 복합적인 건강관리가 가능해질 수 있기 때문이다. 이 분야에 여러 스타트업들이 등장해 종합 건강 관리 서비스로 큰 매출을 올리게 될 것이라는 예상도 자연스럽다.

해외여행에서는 그 위력이 배가된다. 일본어든 영어든 실시간으로 번역하고 정보를 찾아주기 때문에 쇼핑할 때는 꼭 필요한 제품을 구매할 수 있고, 레스토랑에서 메뉴판을 번역하느라 애를 쓰거나 한국어 메뉴를 요청할 필요가 없다. 쳐다보면 바로 번역이 되는 것은 물론이고 평점과 인기메뉴 리뷰를 찾아 바로 매핑을 해 주기에 어느 나라를 가도 더 이상 불편함이 없다. 메뉴별 영양 정보나 재료를 알려줄 수 있고, 눈앞에 바라보는 방향에 맞춰 내비게이션이 디스플레이되니 혼동되지 않고 직관적으로 목적지를 찾아가기 편하다. 표지판이나 이정표도 척척 읽어 정보를 강조해주고 가게별로 구글 별점이나 트립어드바이저 평점을 자동으로 띄워 줄 수도 있어 가까운 맛집을 놓치지 않게 하는 데 큰 역할을 한다.

다른 언어를 쓰는 사람과 실시간 대화도 가능하다. 스마트글래스를 쓰고 대화하면 각자 안경 화면에 상대방의 말이 실시간 자막으로 번역되어 나타난다. 해외여행은 물론 비즈니스 미팅에서도 통역사가 필요 없는 시대가 온다. 전화통화도 가능하다. 블루투스로 연결된 스마트글래스가 자동으로 서로의 대화를 통역해서 전달해주기에, 현지에서 전화 예약을 해야 한다거나 문제가 생겼을 때 서비스를 요청하기가 훨씬 수월해진다. 청각장애가 있어도 대화가 가능해지고 수화를 배우지 않아도 서로 소통할 수 있게 된다. 현지 영화관을 가거나 TV·유튜브를 보면 실시간 자막이 달려 방송과 콘텐츠도 쉽게 즐길 수 있다. 바벨의 탑이 무너지는 역사적인 순간이 가까운 미래로 다가오고 있다.

더 나아가 삶 속에서 검색의 레이어가 달라진다. 이제는 쳐다보는 모든 것을 빠르게 검색하고 찾을 수 있게 된다. 가족들과 TV를 함께 볼 때 화면 속에 나오는 장소, 사람, 제품 등을 검색해 알아내는 것이 가능해지고, 손으로 터치하거나 눈으로 선택하면 텍스트 기반 검색보다 훨씬 빠르고 정확한 결과를 얻을 수 있다. 이미 스마트폰 카메라를 이용한 AI 렌즈가 서비스를 해왔지만, 내가 보는 눈과 동기화되었을 때 비로소 그 진가를 발휘한다.

이렇듯 맥락 지능을 갖춘 공간 컴퓨팅 AI 안경은 우리의 인지 능력을 증폭시키면서 동시에 삶의 편의성을 극대화할 것이다. 그러나 이 달콤한 편리함에는 중요한 인문학적 질문이 수반된다. 우리가 보는 현실이 항상 AI에 의해 가공되고 보정된다면, 진짜 현실의 의미는 무엇일까? 기억해야 할 정보를 기계가 모두 기억해준다면 우리의 기억력과 판단력은 어떻게 변할까? 인간은 더 현명해질까,

아니면 기계에 의존하는 존재로 퇴화할까? 프라이버시와 자율성을 포기하는 것은 아닐지, 우리는 스스로에게 끊임없이 물어봐야 한다. 눈앞의 AI 비서가 우리 삶의 안내자가 될지 간섭자가 될지는 결국 이 기술을 설계하고 활용하는 우리 손에 달려 있기 때문이다.

개인의 일상에서 시작된 변화는 곧 사회의 구조로 번져간다. 다음으로 우리는 공간 컴퓨팅이 사람과 사람의 연결, 의료와 돌봄, 그리고 일하는 방식을 어떻게 재구성하는지, '공간'이 관계와 시스템을 바꾸는 장면을 따라가 보자.

◀ 일하고, 만나고, 치료받는 방식이 바뀐다 ▶

스마트폰과 SNS로 우리는 지구 반대편 사람들과도 실시간 소통하는 시대에 살고 있지만, 화상 통화로도 넘지 못하는 물리적 거리의 간극은 여전히 존재한다. 공간 컴퓨팅은 이 한계를 넘어 같은 공간에 함께 있는 듯한 소통을 가능하게 한다. 서로 다른 도시에 사는 친구들이 혼합현실 속 거실에서 와인파티를 열거나, 해외 출장 중인 아빠가 호텔 방에서 혼합현실 헤드셋을 착용하면 한국 집 거실에서 아들을 만나 실시간으로 함께 놀아줄 수도 있다. 명절엔 해외에 살아도 가족들과 함께 잠깐이나마 같은 공간에서 안부를 나누고 가상의 온기를 느끼는 것도 가능해질지도 모른다. 물리적으로 멀리 떨어져 있어도 바로 옆에 함께 있는 듯한 현존감을 만들어 낼 수 있기 때문이다.

공간 컴퓨팅이라는 카테고리를 연 애플 비전프로는 사용자의 얼굴을 스캔하여 사실적인 페르소나를 생성한다. 이를 통해 다른 공간에 있더라도 비전프로를 착용한 상태에서는 실제 온몸의 움직임과 얼굴 표정까지 트래킹되어 동기화된 서로의 페르소나를 만날 수 있다. 공간 음향까지 더해져 마치 한 공간에 가까이 앉아 대화하는 느낌을 받는다. 아직 완벽한 실사의 아바타는 아니지만, 지연 없이 실시간으로 상호작용하면서 대화를 나누고 손뼉을 마주치며 서로에게 공감할 수 있기에 '함께 있는 것과 진배없는' 경험이 된다. 같은 공간에 함께하며 대화를 나눌 수 있는 가치가 더 이상 오프라인만의 특권이 아니게 되는 순간이다.

인간관계의 증강이라는 관점에서, 공간 컴퓨팅은 대면 소통 방식 자체도 바꿀 수 있다. AI 스마트글래스는 내 앞의 사람을 인지하고 이름이나 직책, 과거 만난 이력 등을 나에게만 표시해줄 수 있다. 모임에서 만난 지인의 이름이 생각나지 않는 난처한 상황을 피하는 것은 물론, 상대의 공개 프로필 정보나 최근 소셜미디어 업데이트를 실시간으로 보며 더 친근한 대화를 이어갈 수도 있다. 물론 프라이버시 문제가 따르지만, 사회적 합의와 기술적 장치가 함께 진화한다면 새로운 소통 방식으로 자리 잡을 가능성이 있다.

한편 현실공간 위에서 일부의 사람들만 기기를 쓰고 있을 때, 실제 함께 있는 사람과의 관계도 매우 중요하다. 애플은 비전프로 전면에 상대방이 볼 수 있는 곡면 디스플레이를 채용하여 사용자

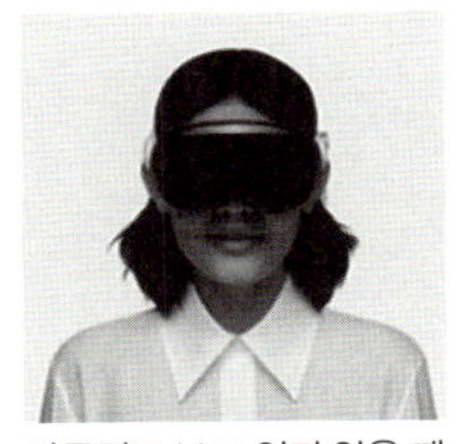

아무것도 보고 있지 않을 때

앱 사용 중

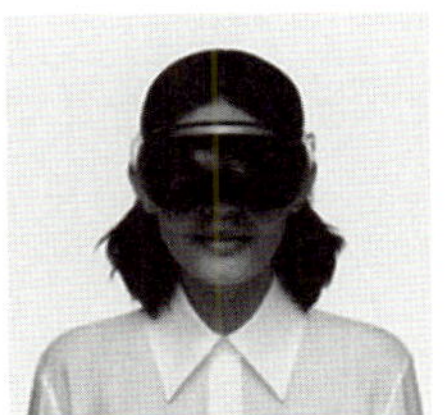

완전히 VR에 몰입 중

통화/소통 중

완전히 VR에 몰입하여
통화/소통 중

애플 비전 프로의 EyeSight 기능

의 눈을 EyeSight로 구현했다. 카메라 패스스루로 가상과 혼합시킨 현실 공간을 헤드셋 안에 실시간으로 디스플레이하면서도, 물리적 공간 내의 다른 사람들과 서로를 인지하고 상호작용하고 있다는 느낌을 주기 위해 실시간 얼굴 표정과 반응을 외부 디스플레이로 보여준다.

이 섬세한 배려는 공간 컴퓨팅 기기 역시 사회적 허용성을 갖춰야 한다는 중요한 교훈 위에 서 있다. 실제로 2012년 구글 글래스 이슈의 중 하나는, 상대방이 저 안경으로 나를 몰래 촬영하는 것은 아닌지 경계하며 불편해했다는 점이었다. 결국 공간 컴퓨팅 기기가 일상화되려면 함께 있는 사람들과 공존하기 위한 사회적 합의를 거쳐야 하며, 이를 위해 다양한 기술적 해법이 필요하다.

의료와 건강 분야에서도 변화는 이미 현실을 바꾸고 있다. 특히 AR 수술은 수술실의 풍경을 바꾸고 있다. 미국 UC 데이비스 병원은 수술용 AR 고글을 활용해 환자의 CT와 MRI 영상을 3차원 홀로그램으로 환자 몸에 겹쳐 표시하는 기술을 선도하고 있다. 이를 통해 외과의는 수술 부위를 절개하기 전에 내부 구조를 정확히 파악하고, 중요한 혈관이나 신경의 위치를 공간 위에 띄워놓고 엑스선처럼 눈으로 보며 수술할 수 있다. 수술 도중에도 고글 화면에 수술 가이드라인과 경로가 나타나 내비게이션처럼 의사를 안내해준다. 고글을 통해 수술 계획을 가상으로 그려보고 이를 실제 수술로 전환할 수 있다. 덕분에 육안으로는 보이지 않는 것들도 더 정확히 볼 수 있다. 이러한 AR 보조 수술은 이미 정형외과, 신경외과 등 복잡한 수술에서 의사들의 제3의 눈이 되어주고 있으며 수술 정확도 향상과 수술 시간 단축 성과를 보여주고 있다.

공간 컴퓨팅은 환자와의 소통에도 새로운 지평을 연다. 수술을 앞둔 환자에게 과정을 구두로만 설명하는 대신, UC 데이비스 병원은 AR/VR로 구현된 본인의 장기 모형과 수술 시뮬레이션을 직접 보여주어 불안감을 크게 덜어주고 있다. 환자는 의학 정보를 2D 사진 대신 눈앞의 3D로 이해할 수 있고, 수술에 대한 신뢰와 협조도도 높아진다. 의료진과 환자 사이의 정보 비대칭을 줄여주는 기술은 환자 중심 의료로 이어질 수 있다.

정신건강과 재활 치료 역시 주목할 영역이다. VR은 이미 고소공포증이나 PTSD 치료에 활용되어 왔는데, 환자를 가상 환경에 노출시켜 두려움에 점진적으로 익숙해지도록 하는 노출치료를 VR로 안전하고 정교하게 시행할 수 있기 때문이다. 만성 통증 환자에게 VR로 자연 풍경이나 즐거운 게임을 제공하면 통증에 대한 주의가 분산되어 진통 효과를 볼 수 있다는 연구들도 보고되고 있다. 더 나아가 MR 기기는 물리치료와 재활에서 환자의 동기를 높이고 재미를 더해줄 수 있다. 뇌졸중 환자가 스마트글래스를 쓰고 재활 운동을 하면 눈앞에 게임 형태의 목표물이 나타나고, 팔다리를 움직일 때마다 즉각적인 피드백과 보상이 주어지는 방식이다. 게임화된 재활은 참여도를 높이고 지루함을 줄여주는 것으로 증명되었다.

원격 의료도 한 단계 도약할 전망이다. 코로나 팬데믹을 거치며 화상 진료가 보편화되었지만 규제 문제와 함께 한계도 분명했다. 그러나 앞으로는 의사와 환자가 공간 컴퓨팅 장비를 착용하고, 원격으로 환자의 상태를 홀로그램으로 보며 진찰하는 날이 올지 모른다. 이미 몇몇 스타트업들은 응급구조대원이 현장에서 환자를 돌볼 때 원격의료 센터의 의사가 구조대원의 바디캠이나 스마트글래스 피드를 공유하며 실시간 지시를 내리는 시스템을 개발 중이다. 전문의가 없어 응급 처치가 힘든 지역이나 재난 현장에서도 신뢰도 높은 의료 혜택을 제공할 수 있을 것으로 본다.

궁극적으로 공간 컴퓨팅은 의료를 보다 인간 중심으로 만들 잠재력이 있다. 의사는 스마트글래스 덕분에 환자와 대화할 때 컴퓨터 모니터 대신 환자에게 시선을 두고 진료할 수 있다. 필요한 정보는 눈앞에 뜨지만 환자에게는 방해가 되지 않으니, 의사는 아이 컨택하며 공감하는 여유를 가질 수 있다. 기술의 정확도와 안전성 검증, 개인정보 보호 대책 등 해결해야 할 과제도 많지만, 분명한 것은 공간 컴퓨팅과 AI가 의사와 환자 모두에게 더 나은 치료 경험을 선사할 수 있다는 점이다.

당신의 일터가 새로워진다

일하는 방식의 변화도 본격화된다. 과거 사무실은 책상 위 모니터와 키보드, 한정된 면적 속에서 펼쳐졌다. 모니터를 여러 대 구매하는 것은 비용의 문제이기도 했지만 결국 공간의 제약이 더 컸다. 그러나 공간 컴퓨팅 시대에는 이야기가 완전히 달라진다. 내가 앉은 자리의 벽과 공기, 심지어 눈앞의 빈 공간이 새로운 작업 캔버스가 된다. 손짓 한 번으로 벽 전체를 모니터로 바꾸고, 창가 위에 데이터 대시보드를 띄우며, 바닥에는 3D 시뮬레이션 모델을 펼칠 수 있다. 모니터의 개수나 책상의 크기는 더 이상 문제가 아니다. 필요할 때마다 내가 원하는 만큼의 화면이 공중에 떠오르고 손끝으로 크기와 위치를 조정할 수 있다.

집중이 필요할 땐 현실 공간을 한순간에 가상의 1인 오피스로 바꾼다. 창문 너머의 소음은 사라지고 주변은 차분한 서재로 변한다. 반대로 잠시 휴식이 필요할 땐 사무실 벽이 서서히 녹아내리며 지중해의 해변으로 변하고, 파도 소리와 함께 짧은 명상을 즐길 수도 있다. 이제 일하는 공간은 정해진 물리적인 장소가 아니라, 그때그때 선택하는 '내가 원하는 상태'로 바뀌는 나만의 커스텀 공간이 된다.

공간 컴퓨팅은 원격근무의 개념도 다시 쓴다. 지구 반대편 동료가 내 옆자리 의자에 앉아 같은 도면을 바라보며 손가락으로 그 위를 짚는다. 그의 움직임은 지연 없이 내 시야 속에 실시간으로 나타나고, 목소리는 공기의 진동처럼 가까이 들린다. 그는 현실의 몸 대신 볼류메트릭 비디오로 내 앞에 서 있고, 표정 하나 눈빛 변화 하나까지 그대로 전달된다. 회의실은 더 이상 네모난 화면이 아니다. 동료들은 각자의 개성을 살린 아바타로 등장하거나 홀로그램처럼 빛의 형상으로 나타난다. 칠판에는 여러 사람이 동시에 아이디어를 적고, 공중에 떠 있는 3D 객체를 함께 조작한다. 눈빛과 손의 떨림, 웃음의 리듬까지 전달되며 '심리적 거리감'이 물리적으로 사라지는 경험으로 이어진다. 원격의 존재감이 생생해지면 인간은 같은 공간에 있지 않아도 함께 존재한다는 새로운 감각을 얻게 된다.

공간 지능을 갖춘 AI는 단순한 대화형 모델을 넘어 나의 현실 공간에서 협력해 일하는 동료가 된다. 카메라·센서·마이크로부터 현실의 신호를 읽고, 내 옆에서 일하는 진짜 동료처럼 반응한다. 회의 전에 미처 검토하지 못한 문서가 있다면 AI는 캘린더를 보고 조용히 알림을 띄운다. "지난 회의의 결론을 다시 확인하시겠어요?"

내가 고개를 끄덕이면 문서가 허공에 떠오르고 핵심 부분이 하이라이트 된다. AI는 공간에서의 행동 패턴을 학습해 조명·사운드·화면 배치를 자동 전환하고, 필요하다면 공간 데이터를 읽어 디지털 트윈을 구축해 시뮬레이션으로 문제를 미리 해결한다. 냉난방 미세 조정이나 예약만 되어 있고 실제 사용하지 않는 회의실 파악 같은 번거롭지만 중요한 일들도 척척 처리한다. 이제 AI는 텍스트를 넘어 공간에서 변화를 감지하고 문제를 해결하는 든든한 동료가 된다.

로봇, 디바이스와 함께 확장되는 산업의 미래

산업 현장에서는 로봇과 인간의 협업도 완전히 새로운 차원으로 진화한다. 건설 현장에서 감독관은 AR 글래스를 쓰고 가상 3D 설계도면과 실제 공사 현장을 겹쳐본다. AI가 탑재된 드론은 상공에서 자재 위치와 안전 상태를 실시간으로 스캔하고, 필요할 때마다 홀로그램으로 위험 경고를 띄운다. 사막 한가운데 고장난 터빈 앞에서는 초보 엔지니어가 혼자 서 있다. 그의 글래스를 통해 수천 킬로미터 떨어진 베테랑 엔지니어가 마치 옆에서 손짓하듯 지시를 내린다. "이 볼트를 왼쪽으로 반 바퀴만 돌려요." 그의 손이 터빈 위 홀로그램으로 겹쳐지며 정확히 움직이고, 초보 엔지니어는 그대로 따라 하며 문제를 해결한다. 원격의 손이 현실의 기계를 움직이는 순간, 공간의 한계를 넘은 협업이 완성된다.

공간 컴퓨팅은 이제 단순한 기술의 진화가 아니다. 우리는 일의 개념 자체를 다시 정의해야 할지도 모른다. 우리가 머무는 공간은 도구에서 동료로 바뀌고 있으며, 일터는 더 이상 고정된 장소가 아니라 상황과 감정, 목적에 따라 스스로 변형되는 살아있는 시스템이 된다. 이렇게 일상·관계·의료·업무까지 '공간'이 인터페이스로 바뀌는 순간, 기술의 진보는 곧 인간의 인지와 자율을 건드리는 질문으로 되돌아온다.

이제 마지막으로, 이 변화가 우리에게 남기는 핵심 화두를 짚어 보자. 공간 컴퓨팅은 우리의 삶을 더 편리하게 만들 가능성이 크다. 하지만 편리함이 커질수록 인간은 종종 더 중요한 것을 놓친다. AI가 늘 안내해주고, 늘 기억해주며, 늘 최적의 선택지를 제시하는 세계에서 우리는 점점 스스로 판단할 기회를 덜 갖게 될지도 모른다. 현실이 언제나 디지털 레이어로 보정되고, 사물의 의미가 즉시 설명되며, 타인의 정보가 한눈에 펼쳐지는 순간, 우리는 '더 많이 아는 존재'가 될 수 있지만 동시에 '스스로 경험하는 존재'로서의 감각을 잃을 수도 있다. 그래서 질문은 기술이 아니라 인간에게로 돌아온다.

- 우리가 보는 현실이 항상 AI에 의해 가공된다면, '진짜로 본 것'은 무엇인가?
- 기억의 노동을 덜어주는 도구는 기억을 해방하는가, 아니면 약화시키는가?
- 안내가 완벽해질수록, 판단은 예리해지는가, 혹은 무뎌지는가?
- 편의가 커질수록, 자율성과 프라이버시는 어디까지 내어주게 되는가?

- 공간컴퓨터가 '나의 동료'가 되는 순간, 나는 여전히 내 삶의 주도권을 쥐고 있는가?

공간 컴퓨팅의 성공은 결국 더 얇은 디스플레이나 더 빠른 칩이 아니라, 인간의 실존과 자율을 중심에 세우는 설계가 결정하게 될 것이다. 기술이 우리를 도와주는 방식이 '대신 살아주는 것'이 아니라 '더 잘 살게 해주는 것'이 될 때, 우리는 비로소 이 거대한 전환을 인간의 미래로 받아들일 수 있다.

◀ 암기에서 체험으로, 교육 패러다임의 전환 ▶

공간 컴퓨팅은 교육을 지식의 축적에서 경험의 창조로 바꾼다. 책과 영상, 강의가 중심이던 학습은 이제 '직접 뛰어드는 학습 Immersive Learning'으로 진화한다. 학생들은 교실의 네 벽 안에서 정보를 듣는 대신, 그 지식의 한가운데에 서게 된다.

고대 이집트 문명을 배울 때, 아이들은 더 이상 교과서 속 피라미드를 바라보지 않는다. 그들은 피라미드 속에 직접 들어가 파라오의 무덤 벽화를 만지고, 당시 장인들이 벽돌을 쌓던 손놀림을 그대로 따라 한다. 로마사를 배울 때는 콜로세움 중앙에 서서 함성 소리와 먼지를 느끼며, '왜 이 구조가 지금의 스타디움으로 이어졌는가'를 몸으로 이해한다.

과학 수업에서는 화학식을 외우는 대신, AR로 분자 구조를 손가락으로 분해하고 다시 조립하며 결합 에너지가 시각적으로 폭발하는 장면을 직접 본다. 바다 생태계를 배울 때는 심해 속으로 몸을 던지고, 우주를 탐구할 때는 행성 사이를 유영하며 궤도를 계산한다. 공간 컴퓨터는 결국 지식을 입체화해주는, 즉 '살아 있는 교과서를 만드는 기술'이다.

미래에는 가상 캠퍼스Spatial Campus에 모여 수업을 받는다. 이곳에서는 전 세계의 친구들과 함께 실험하고, 사람이 아직 도착하지 못한 화성 기지나 심해 탐사선에서도 수업이 열린다. 학생들은 AR 글래스로 분자 구조를 손으로 해체하고, 3D 건축 모형을 가상 공간에서 함께 조립한다. 친구들과 건물을 함께 설계하며, 변경 즉시 설계도에 반영된다. 이 모든 교육 과정은 게임처럼 재미있고, 깊이도 있다.

이런 학습 방식은 단순히 흥미를 유발하는 수준이 아니다. 스탠퍼드 대학의 연구에 따르면, XR 기반 교육은 기존 학습 대비 학습 효율을 76% 향상시킨다. 뇌는 추상적 텍스트보다 입체적 체험과 감각적 피드백을 훨씬 오래 기억하기 때문이다. 결국 학습이란 '머리로 외우는 것'이 아니라 '몸으로 이해하는 것'임을 보여주고 있다.

나만의 AI 선생님 시대

AI와 결합된 공간 컴퓨팅은 학습을 개인화된 여정으로 만든다. AI 튜터는 나의 학습 패턴, 집중 시간, 취약 개념을 실시간으로 파악하고 내 속도와 이해도에 맞춰 수업을 설계한다. 수학 문제를 풀다가 막히면, AI 선생님이 눈앞에 나타나 "이 식은 이렇게 변형해볼까?" 하고 직접 수식을 공중에 그린다. 역사 공부를 하다 집중이 흐트러지면, "지금 이 시점의 파리로 가볼래?"라고 제안하며 순식간에 18세기 프랑스로 시공간을 이동시킨다. 이제 학생은 더 이상 모르는 것을 부끄러워하지 않아도 된다. AI 튜터는 조용히 옆에서, 가장 적절한 타이밍에 도움을 준다. 때로는 목소리로, 때로는 아바타로, 학생이 포기하지 않도록 격려하는 감정적 코치이자 지적 동반자다.

이 초개인화 학습 환경은 지역, 장애, 언어, 환경의 한계를 모두 허물며 '교육의 민주화'와 '학습의 다양성'을 동시에 실현한다. 지구 반대편 농촌의 아이도, 대도시의 명문학교 학생과 같은 수준의 수업을, 같은 시간에, 같은 품질로 경험할 수 있다.

수술도 용접도 눈앞에서 배운다

공간 컴퓨팅은 교육을 넘어서, 훈련과 실습의 패러다임을 바꾼다. 의대생은 이제 디지털 인체 모델을 해부한다. 해부 부위를 확대하거나 혈류의 흐름을 시뮬레이션하며 한 번의 디지털 시술로 수십 번의 경험을 축적한다. 외과 레지던트는 실제 수술 전, XR 시뮬레이터에서 수백 번의 가상 수술을 반복해 손의 감각을 익힌다. 가상의 시뮬레이션 과정을 통해 실수를 미리 배우고, 반복을 통해 학습이 완성된다.

보잉은 이미 항공기 조립 교육에 XR을 도입해 기술자 1인당 교육 시간을 75% 단축했다. 복잡한 배선과 조립 과정을 눈앞의 홀로그램으로 확인하고, 실수를 즉시 수정할 수 있기 때문이다. 이처럼 공간 컴퓨팅은 단순한 교육 도구를 넘어 '실패할 수 있는 안전한 학습의 공간'을 제공한다.

공간 컴퓨팅이 만들어낼 교육의 미래는 단순한 디지털 전환이 아니다. 그것은 인간의 배우는 방식을 다시 설계하는 일이다. 우리는 이제 지식을 '읽는' 것이 아니라 '체험'하며 배운다. 교실은 더이상 벽으로 구분되지 않고, 학습은 언제 어디서나, 누구와도 연결될 수 있다. AI 튜터는 나만의 친구이자 선생님이며, 공간 자체가 학습의 플랫폼이 된다. 결국 미래의 배움은 이렇게 정의될 것이다. "학습이란, 세계를 직접 경험하며 이해하는 과정이다. 그리고 그 세계는 이제 내 눈앞에 있다."

공장이 말을 걸다
산업의 지도를 바꾸는 보이는 지능

기계가 데이터를 말하고, 인간은 대화한다

산업 현장에서 공간 컴퓨팅의 가능성은 가장 물성 짙은 장소에서 먼저 모습을 드러낸다. 제조 공장에서 작업자들은 AR 글래스를 착용한 채 기계 부품 위에 겹쳐진 실시간 매뉴얼과 센서 데이터를 보며 조립과 수리를 수행한다. 인간 노동자와 로봇, 각종 IoT 장비들은 서로의 위치와 상태를 인식하며 동기화된 작업을 이어가고, 공장 전체는 하나의 살아 있는 시스템처럼 움직인다.

이 환경에서 공장은 더 이상 결과를 관리하는 장소가 아니다.

디지털 트윈으로 구축된 가상 공장은 현실과 동시에 업데이트되며, 엔지니어들은 가상 공간에서 공정을 시뮬레이션하고 최적화한 뒤 그 결과를 즉시 현실에 반영한다. 설계자의 의도와 실제 현장 사이에 늘 존재하던 편차는 공간 데이터 위에서 하나의 시간축으로 겹쳐지고, 문제는 발생 이후가 아니라 발생 이전에 발견된다.

품질은 사후 점검이 아니라 사전 설명의 문제가 된다. 왜 지금, 이 위치에서, 이 공정 조건에서 문제가 발생했는지를 설명할 수 있을 때 비로소 예방이 가능해진다. 공간 컴퓨팅은 적외선 센서, 비전 AI, 진동과 온도 데이터들을 하나의 장면으로 결합해 원인의 맥락을 드러낸다. 작업자는 스마트글래스에 나타난 공정 시뮬레이션을 보며 즉시 조치를 취하고, 공정은 그 경험을 학습해 스스로 보정된다.

이 과정에서 중요한 변화는 '안전하게 실패할 수 있는 권리'가 생긴다는 점이다. 신규 라인 가동이나 위험한 공정은 VR 기반의 가상 공장에서 먼저 반복 훈련된다. 실제 부품 하나 망가뜨리지 않고, 사람 하나 다치지 않은 채 수십 번의 시행착오를 거친다. 공간 컴퓨팅은 비용을 줄이기 위한 도구가 아니라, 학습을 가능하게 하는 구조가 된다.

작업 지시 역시 바뀐다. 종이 매뉴얼은 사라지고, 볼트 위에는 체결 순서가 공중에 떠오른다. 잘못된 부품을 가져오면 AR 레이어가 즉시 경고를 띄우고, 문제 해결이 필요한 경우에는 원격의 전문가나 AI 에이전트가 실시간으로 장면을 공유하며 코칭한다. 기계를 프로그래밍하던 시대에서, 기계에게 보여주고 설명하는 시대로 넘어가는 순간이다. 피지컬 AI와 공간 AI는 산업 현장에서 새로운 동료가 된다.

◀ 물류는 예측과 최적화의 게임이 된다 ▶

제조에서 시작된 공간지능은 물류로 확장되며 또 다른 질서를 만든다. 풀필먼트 센터에서 AGV와 로봇은 격자 위를 이동하며 흐름을 조율한다. 작업자는 더 이상 여러 화면을 넘기며 물류 시스템을 관리하지 않는다. 디지털 트윈 기반의 공간 컴퓨팅은 물류센터 전체의 상태를 현실 공간 위에 중첩해 보여준다.

피킹 구역에서는 최단 동선과 오류 가능성이 눈앞에 표시되고, 반품 구역에서는 상태 판정 AI가 재포장, 수리, 재고 복귀 여부를 즉시 판단한다. 로봇은 비정형 포장도 안전하게 처리하고, 포장재와 상품은 추적 가능한 데이터 흐름 안에서 순환한다. 물류는 더 이상 단순한 이동의 문제가 아니라, 흐름을 설계하는 문제가 된다.

이 변화는 물류를 '보이지 않는 비용'에서 '의사결정의 핵심 축'으로 끌어올린다. 어디에서 병목이 생기고, 어떤 선택이 전체 효율을 흔드는지가 공간 위에서 즉시 드러난다. 물류센터는 하나의 오케스트라처럼 작동하고, 피지컬 AI는 그 흐름을 지휘한다.

제조와 물류를 관통한 공간지능은 결국 커머스와 리테일로 이어진다. 스마트폰이 손바닥 안에 디지털을 가두어 두던 시대는 편리했지만 언제나 좁았다. 공간 컴퓨팅은 그 바깥의 세계를 다시 호출한다. 매장은 더 이상 상품을 진열하는 장소가 아니라, 고객의 시선과 체류, 망설임과 선택이 기록되고 해석되는 인터페이스가 된다.

천장의 라이다는 사람의 흐름을 그리고, 선반의 센서는 손의 망설임을 기록한다. AR 스마트글래스를 착용한 매니저가 매장을 둘러보면 조명 상태와 운영 가이드는 공중에 떠오르고, 수정된 설정은 즉시 현장에 반영된다. 공간은 고정된 구조물이 아니라, 학습하고 반응하는 시스템이 된다.

이 환경에서 상품은 설명되는 대상이 된다. 고객은 제품을 바라보는 것만으로 사이즈, 재고, 과거 구매 이력을 확인하고, 숫자가 아닌 시각적 체감으로 '나에게 맞는가'를 판단한다. 혼합현실 피팅은 반품률을 낮추고, 구매 결정은 설득이 아니라 납득으로 이루어진다. 뷰티 존에서 얼굴은 캔버스가 아니라 센서가 되고, 와인숍에서는 병을 드는 순간 산지의 풍경과 향의 레이어가 공중에 펼쳐진다.

머천다이징의 의미도 달라진다. 진열은 더 이상 배치의 기술이 아니라 공간 편집의 기술이 된다. 공간지능은 텍스트 대신 맥락을 제공하고, 추천은 설명이 아니라 경험으로 전달된다. 오프라인 공간은 온라인에서 경험하던 정보의 레이어와 겹쳐지며 물리적 제약을 잃는다.

리테일 미디어 역시 바뀐다. 광고는 클릭을 유도하지 않는다. 방문과 체류, 경험의 깊이가 가치가 된다. 매대는 광고판이 아니라 이야기를 전달하는 매개가 되고, 고객은 검색이 아니라 발견을 경험한다. 공간 컴퓨팅에서 커머스는 상품을 파는 일이 아니라, 시간을 설계하고 장면을 남기는 일이 된다.

◀ 산업을 관통하는 하나의 질문 ▶

제조와 물류, 커머스는 더 이상 분리된 산업이 아니다. 하나의 공간지능 위에서 연결된 연속체가 된다. 공장은 더 빠르게 결정하고, 물류는 흐름을 조율하며, 매장은 고객을 이해하기 시작한다. 그러나 이 모든 변화의 중심에는 하나의 질문이 남는다. 기술의 목적은 무엇인가.

공간 컴퓨팅은 효율을 높이기 위한 도구이기 이전에, 결정을 재구성하는 기술이다. 무엇을 자동화하고, 무엇을 인간의 몫으로 남길 것인가. 설명해주는 기계는 인간의 판단을 예리하게 만드는가, 아니면 흐리게 만드는가. 공간이 모든 것을 기억해줄 때, 우리는 무엇을 기억해야 하는가.

피지컬 AI와 공간 AI가 만드는 산업의 재편은 단순한 기술 진화가 아니다. 그것은 사람과 일, 공간이 서로를 더 잘 이해하도록 만드는 과정이다. 그 장면이 많아질수록 기술은 우리 곁에서 더 강력해지고, 공간은 더 큰 가능성과 가치를 갖게 된다. 이 장면을 어떻게 설계할 것인가. 그 선택이 곧 공간 컴퓨팅 시대의 진짜 경쟁력이 될 것이다.

가짜가 아닌 진짜 같은 경험
게임 속으로 걸어 들어가는 시대

게임은 방 안에서 현실로 나온다

공간 컴퓨팅은 게임의 무대를 근본적으로 바꾼다. 헤드셋을 착용하는 순간, 평범한 방은 전장이 되고 거실은 던전이 된다. 게임은 더 이상 화면 속 세계에 머물지 않는다. 내가 서 있는 현실 공간이 곧 게임의 지형이 된다. 몸을 움직여 공격을 피하고, 손짓으로 무기를 조작하며, 공간 안에서 직접 싸운다. VR 게임인 Half-Life: Alyx 나 Beat Saber는 이러한 변화를 상징한다. 특히 Beat Saber는 리듬 게임을 넘어 전신을 사용하는 피트니스 경험으로 확장되며, 게임과 운동의 경계를 허물었다.

현실 공간을 그대로 게임에 끌어들이는 방식도 빠르게 진화하고 있다. 포켓몬 고처럼 도시와 거리를 무대로 삼는 게임은 이미 대중화되었고, 이제는 공간 인식 기술의 정밀도가 높아지며 집 안의 구조, 거리의 지형, 건물의 형태 자체가 게임 플레이에 반영된다. 메타 퀘스트의 Spatial Ops는 패스스루 기능을 활용해 실제 공간을 인식한 채 다수의 플레이어가 같은 공간에서 멀티플레이 FPS를 즐기게 한다. 소파는 엄폐물이 되고, 식탁은 벙커가 된다. 현실과 가상의 경계가 사라진 게임 경험이다.

이러한 흐름이 생성형 AI와 결합하면 게임은 고정된 콘텐츠가 아니라 살아 있는 세계가 된다. 플레이어의 말 한마디, 행동 하나에 따라 공간은 즉석에서 변형되고, AI는 새로운 시나리오와 적, 환경을 생성한다. 같은 게임이라도 플레이어마다 전혀 다른 이야기와 결말을 갖게 된다. 게임은 이제 현실을 벗어나는 도피처가 아니라, 현실이 확장되는 경험이 된다.

◀ 운동선수처럼 훈련하고, 최고의 자리에서 관람한다 ▶

공간 컴퓨팅은 스포츠의 훈련 방식부터 관람 경험까지 재구성한다. 골프나 테니스, 복싱과 같은 종목에서는 AR 기반의 실시간 자세 교정이 가능해진다. 가상의 거울 속에서 자신의 움직임을 3D

로 확인하고, AI 트레이너는 교정선을 그리며 즉각적인 피드백을 제공한다. 초보자는 코치 앞에 서 있는 듯한 경험으로 학습하고, 숙련자는 미세한 차이를 데이터로 분석한다.

HADO는 공간 컴퓨팅 기반 스포츠의 대표 사례다. 플레이어들은 실제 공간을 뛰어다니며 가상의 에너지볼을 발사하고 방어한다. 게임처럼 보이지만 전신을 사용하는 스포츠이며, 정규 리그와 월드컵까지 열리는 새로운 형태의 융합 스포츠로 자리 잡았다. 공간 컴퓨팅은 기존 스포츠의 보조 도구를 넘어, 새로운 종목 자체를 만들어낸다.

관람 방식도 달라진다. AR과 VR을 통해 선수의 속도, 동선, 통계 정보가 실시간으로 시각화되고, VR 중계는 경기장에 가지 않아도 360도로 현장을 경험하게 한다. 더 나아가 볼류메트릭 비디오 기술은 경기를 거실 테이블 위에 미니어처처럼 펼쳐 보이게 만든다. 시청자는 원하는 선수, 원하는 순간, 원하는 각도를 자유롭게 선택하며 경기를 해석한다.

애플 비전 프로의 PGA Tour 앱은 골프 중계를 3D 공간으로 재구성해 홀 전체와 공의 궤적을 한눈에 보여준다. 스포츠는 더 이상 수동적으로 소비하는 콘텐츠가 아니라, 능동적으로 탐색하고 체험하는 공간 미디어가 된다.

기술 변화의 최전선에는 언제나 미디어와 엔터테인먼트 산업이 있었다. 영화는 카메라와 프로젝터 기술의 발전과 함께 태어났고, TV와 방송은 전파 기술의 진화로 대중문화를 형성했다. 스트리밍은 인터넷 인프라의 성숙과 함께 콘텐츠 유통의 질서를 뒤집었다. 이제 새로운 전환점이 다가온다. 공간 컴퓨팅은 2D 스크린을 넘어 공간 그 자체를 미디어의 무대로 만든다. 화면 속 이야기를 '보는 것'에서, '안에서 경험하는 것'으로 바꾸는 기술이다. 영화나 공연 같은 기존 콘텐츠는 이제 관객이 단순한 시청자가 아닌 참여자가 되는 세계로 이동하고 있다.

특히 팬들은 늘 더 가까이, 더 오래, 더 깊이 아티스트를 느끼길 원해왔다. 하지만 물리적 공간, 시간, 비용의 제약은 늘 그 열망을 가로막았다. 공간 컴퓨팅은 이런 장벽을 허문다. 가상 콘서트는 현실 콘서트의 한계를 넘어 팬과 아티스트가 같은 공간에서 존재하는 듯한 실감형 경험을 제공한다. 무대는 더 이상 한정된 공연장이 아니다. 가상 공간 안에서 수십만 명이 동시에 관람할 수 있고, 공연의 시점도 무대 위, 백스테이지, 혹은 아티스트 옆자리에 앉은 것처럼 시점까지 자유롭다. AI로 공연 전후의 개인화된 경험도 제공받는다. 팬의 취향을 분석해 나만을 위한 메시지, 티저 영상, 비하인드 클립을 보내주고, 공연이 끝난 후에도 감동이 지속되도록 감정 곡선을 설계한다. 아티스트는 볼류메트릭 비디오로 구현된 디

포트나이트의 트래비스 스캇의 공연과 아리아나 그란데 공연

지털 휴먼 형태로 등장하거나, 자신의 세계관에 맞춘 캐릭터로 무대에 선다. 중력을 거스르고, 바다 속이나 우주 공간에서도 공연이 가능하다.

이 모든 건 이미 현실이 되고 있다. 2020년 포트나이트의 트래비스 스캇 콘서트 Astronomical은 1,230만 명의 동시 접속, 총

4,580만 회의 시청, 2,000만 달러의 수익을 기록했다. 팬들은 거대한 트래비스 스캇의 등장과 함께 빛과 음악, 상호작용이 결합된 초현실적 공연을 즐겼다. 2021년 아리아나 그란데의 Rift Tour 역시 2,700만 명이 참여하며 7,800만 회의 시청을 기록했다. 이제 콘서트는 단순한 '무대 공연'이 아니라 전 지구적 실시간 이벤트가 되었다.

팬들은 아바타로 입장해 함께 노래하고, 채팅으로 대화하며, 떼창의 함성을 디지털로 재현한다. 팬들이 만든 에너지와 열기는 가상 공간에서도 생생하게 느껴진다. 이 새로운 공연 생태계는 티켓 판매를 넘어 디지털 굿즈, 아바타 의상, 프리미엄 체험 등 무한한 2차 경제를 창출한다. 공간 컴퓨팅은 공연의 경험을 확장하면서, 동시에 엔터테인먼트 산업의 수익 구조 자체를 재설계하고 있다.

◀ 새로운 팬덤을 만든 디지털 생명체, 버추얼 아이돌 ▶

이제 팬들은 실존 인물뿐 아니라 디지털 캐릭터와도 감정적으로 연결된다. AI, 모션 캡처, 3D 모델링이 결합된 버추얼 아이돌 Virtual Idol은 현실의 한계를 초월한 새로운 형태의 아티스트다. 한국의 '아담', 일본의 '하츠네 미쿠 Hatsune Miku', 그리고 '키즈나 아이 Kizuna AI', '플레이브 PLAVE'는 음악 활동과 팬 소통, 공연을 통해 현실 아이돌 못지않은 팬덤을 구축했다. 이들은 시간, 공간, 피로, 계약의 제약을 받지 않으며, 디지털 세계에서 끊임없이 진화하는 캐릭터 스토리로 팬과 관계를 맺는다.

버추얼 아이돌은 단순한 캐릭터가 아니다. AI가 감정과 언어를 학습하며 팬의 피드백에 따라 성장하고 변화한다. 팬들은 단순히 소비자가 아닌, 아티스트의 세계를 함께 만들어가는 공동 창작자가 된다. 이 관계는 현실보다 더 지속적이고, 더 상호작용적이며, 감정적으로 깊이 연결된 새로운 팬덤 구조를 만들어내고 있다

◀ 레디 플레이어 원이 예고한 미디어의 종착지 ▶

스티븐 스필버그의 영화 '레디 플레이어 원'은 공간 컴퓨팅 시대의 미디어가 나아갈 방향을 가장 생생하게 보여준 거대한 실험실과 같다. 어니스트 클라인의 소설을 원작으로 한 이 작품은 단순한 공상과학 영화를 넘어, 미래 미디어의 청사진을 제시한다. 영화의 배경이 되는 '오아시스OASIS'는 가상현실 속 새로운 세계로, 주인공 '퍼시벌'은 가난하고 우울한 현실에서 벗어나기 위해 VR 장비와 햅틱 슈트(촉각을 전달하는 전신 장비)를 착용하고 그곳으로 들어간다. 그는 단순히 콘텐츠를 소비하는 관객에 머무르지 않는다. 스스로 미디어 속으로 들어가 그 세계를 직접 살아가는 존재가 되는 것이다.

과거의 미디어가 이야기를 보는 창문에 불과했다면, 공간 컴

레디 플레이어 원: 현실과 가상이 공존하는 메타버스의 비전

퓨팅 시대의 미디어는 이야기 속으로 들어가는 문으로 진화한다. 바로 이 지점에서 '레디 플레이어 원'은 미래 미디어 경험의 궁극적인 형태를 예고한다. 사용자는 VR 기기, 햅틱 장갑, 트레드밀과 같은 장비를 통해 캐릭터의 시점으로 세계를 느끼게 된다. 이 안에서 영화, 게임, 음악, 패션 등 모든 장르가 하나로 융합된 완전한 체험형 내러티브를 경험하는 것이다.

'오아시스'는 서로 다른 세계관의 IP가 하나의 플랫폼에서 공존하며 새로운 생태계를 형성하는 미래를 예고한다. 오아시스 안에서는 워너브라더스, 루카스필름, 블리자드 등 현실에서는 분리된 IP들이 한 무대 위에서 자유롭게 공존한다. 배트맨의 이동 수단인 텀블러와 일본 애니메이션 아키라의 오토바이가 같은 경주에 참여하고, 건담과 아이언 자이언트가 나란히 서서 함께 싸우는 장면이 그 예이다. 이러한 연출은 단순한 팬 서비스를 넘어 IP의 경계가 완전히 허물어진 새로운 미디어 플랫폼의 등장을 암시한다.

이처럼 하나의 이야기가 여러 매체를 넘나들며 확장되고, 각 매체에서의 경험이 모여 하나의 거대한 서사를 완성하는 것을 '트랜스미디어 스토리텔링Transmedia Storytelling'이라고 한다. 현실의 미디어 산업은 여전히 영화, 게임, 음악 등이 각기 다른 유통 구조 속에서 분리되어 있다. 그러나 오아시스는 모든 IP가 하나의 가상 공간에서 상호작용하고 재해석되는 통합 생태계를 보여준다. 공간 컴퓨팅 시대의 미디어 경험은 더 이상 콘텐츠를 단순히 보는 행위가 아니라, 서사를 함께 살아가는 과정으로 변화하는 것이다.

'오아시스' 속 사용자들은 더 이상 수동적인 콘텐츠 소비자가 아니라, 스스로 세계를 창조하고 이야기를 만들어가는 능동적인 창작자이다. 그들은 자신의 캐릭터를 만들고, 새로운 세계를 구축하며, 다른 사용자들과 함께 새로운 콘텐츠를 생산해낸다. 즉, 관객이 곧 창작자가 되는 미디어 환경이 펼쳐지는 것이다. 오늘날의 포트나이트, 로블록스, 마인크래프트와 같은 플랫폼은 이미 이러한 방향으로 나아가고 있다. 사용자가 직접 공간을 설계하면, AI가 그 설계를 바탕으로 어울리는 스토리, 캐릭터, 음악까지 자동으로 생성해준다. 이를 통해 1940년대 뉴욕, 화성의 미래 도시, 혹은 중세 판타지 왕국까지 누구나 상상하는 모든 것을 창조할 수 있는 열린 무대가 마련된다.

공간 컴퓨팅 기술은 AI와 결합하여 사용자 개개인에게 맞춤화된 인터랙티브 미디어 경험을 제공하는 새로운 지평을 연다. AI는 사용자의 감정과 행동을 실시간으로 분석하여 각자에게 완전히 다른 스토리를 제공할 수 있다. 이로 인해 같은 가상 세계에 접속하더라도 사람마다 다른 경험, 다른 감정, 다른 결말을 맞이하게 된다. 미디어는 더 이상 제작자가 일방적으로 전달하는 콘텐츠가 아니다. 이제는 사용자 중심의 살아있는 생태계, 즉 경험이 콘텐츠가 되고, 행동이 서사가 되는 새로운 형태의 인터랙티브 미디어로 발전한다.

이 새로운 미디어 환경에서 사용자는 더 이상 화면 앞의 관객이 아니라, 그 안에서 감정과 행동을 주도하는 주체가 된다. 이는 단순히 콘텐츠를 수동적으로 소비하거나 소유하는 차원을 넘어선다. 사용자는 능동적으로 스토리에 참여하여 콘텐츠의 가치를 직접 만들어내고, 마침내 콘텐츠 생태계를 이끄는 적극적인 창작자로 진화하게 될 것이다.

5부

새로운 인류

확장된 미래를 만나다

인류 역사의 거대한 도약
문자를 넘어 공간을 기록하는 존재들

빅뱅에서 시작된 공간 인식의 진화

태초에 빅뱅으로 시간과 공간이 탄생했다. 별과 행성이 형성되고, 지구 위에 최초의 생명체가 나타나기까지 약 138억 년의 시간이 흘렀다. 생명은 진화의 긴 과정 속에서 공간을 인식하고 활용하는 능력을 조금씩 키워왔다. 눈과 귀 같은 감각기관은 주변 환경의 공간 정보를 더 정교하게 읽기 위해 발달했고, 그 능력은 생존의 필수 조건이 됐다.

특히 인간의 조상은 입체적 시각과 두뇌 발달을 통해 3차원 공간을 섬세하게 이해하고 기억하는 능력을 갖추게 되었다. 이 공간 지각 능력은 사냥감의 위치를 파악하고 은신처를 찾는 실용을 넘어 세계를 해석하고 의미를 부여하는 인지적 토대로 발전했다. 인간은 눈앞의 공간을 그대로 보는 수준을 넘어, 머릿속에서 공간의 개념을 확장하기 시작했다. 과거를 떠올리고, 보이지 않는 먼 곳을 상상하며, 아직 오지 않은 미래의 장소까지 그려볼 수 있게 된 것이다.

선사시대 인류는 이 상상력을 바탕으로 동굴 벽화 같은 공간적 기록을 남겼다. 약 3~4만 년 전 유럽의 동굴 벽화, 인도네시아의 석회암 동굴 그림은 인류 최초의 공간 예술이자 커뮤니케이션으로 평가된다. 초기에는 사냥 장면이나 추상적 무늬가 주를 이뤘지만, 점차 동물과 인간 형상을 그리고 이야기와 신화적 의미를 담아내기 시작했다. 고고학자들은 이러한 동굴 예술을 인류의 언어 발달과 인지 혁명의 한 단면으로 해석한다. 동굴 깊숙한 곳에 손도장을 찍고 동물을 묘사한 선사인들의 행위는 공간을 단지 물리적 배경이 아니라, 의미를 담는 그릇으로 사용한 사건이었다.

우주의 오랜 역사 속에서 인간은 공간을 이해하고, 그 위에 기억과 상상의 흔적을 새기며 진화해왔다. 그리고 지금, 우리는 그 진화의 궤적 위에서 공간 자체가 디지털 정보의 캔버스가 되는 시대를 마주하고 있다.

◀ 문자 이후, 공간을 저장하는 시대 ▶

약 칠만 년 전 인류는 인지혁명을 통해 비약적인 사고 능력의 발전을 이뤘다. 복잡한 언어로 보이지 않는 것에 대해 이야기하고, 집단적 상상 속에 존재하는 개념을 공유하며, 협력의 규모를 키웠다. 언어는 공간을 바라보는 관점까지 바꾸어 놓았다. 눈앞에 없는 먼 지역의 지형, 과거와 미래의 장소까지 말로 묘사하고 공유할 수 있게 되었기 때문이다. 인간은 언어를 통해 머릿속에 지도를 그리고 추상적 공간을 창조했으며, 복잡한 사냥 전략이나 이주 경로를 '기억'과 '말'로 전달했다. 도구의 진화는 인간의 공간 활용 능력을 더 직접적으로 확장했다. 석기와 불, 작살과 바퀴 같은 도구들은 인간이 신체적 한계를 넘어 주변 공간을 개조하고 통제하게 해주었다. 불은 어둠을 밝히고 추위를 몰아내며 야생동물을 쫓아내어 야간과 겨울의 제약을 극복하게 했고, 창과 활은 먼 거리의 목표를 사냥하게 하며, 바퀴는 이동 효율을 극대화해 활동 반경을 넓혔다. 도구는 인간의 신체적 연장이 되었고, 인간은 환경을 재구성하고 공간을 꾸미고 변형하며 살아가기 시작했다.

그러나 가장 결정적인 전환은 문자의 발명이다. 약 오천여 년 전 수메르의 설형문자와 이집트의 상형문자는 정보를 물리적 공간에 영구히 기록하는 방법을 제공했다. 유발 하라리가 강조하듯 문자는 세금, 거래, 법률 같은 행정 정보를 기록하기 위한 외부 기억 장치로 탄생했고, 인간은 두뇌 용량의 한계를 뛰어넘어 방대한 데이터를 관리할 수 있게 되었다. 인류는 데이터를 흙판과 종이라는 공간에 새겨 보존함으로써 집단적 기억의 용량을 비약적으로 늘렸다.

문자는 시간이 흐르며 숫자 체계, 음운 문자, 현대의 디지털 부호와 이진 코드로 발전했다. 20세기에 컴퓨터가 등장하면서, 종이나 석판 대신 실리콘 칩과 하드디스크 위에 지식이 저장되기 시작했고, 정보의 양과 속도는 기하급수적으로 커졌다. 역사는 신뢰할 수 있는 저장 시스템의 발명과 함께 가속화되었다. 이 맥락에서 공간 컴퓨팅은 새로운 단절이 아니라, 인류가 정보를 공간에 기록하고 공유해온 역사의 연장선이다. 동굴 벽화와 문자, 도서관과 인터넷을 거쳐 이제는 현실 공간 자체가 디지털 정보의 캔버스가 되려 한다. 정보는 더 이상 화면에 갇히지 않고, 우리가 살아가는 물리 세계 위로 올라온다.

인류는 어떤 존재가 될 것인가

공간 컴퓨팅이 주도하는 변화의 물결 속에서 미래 사회의 풍경은 지금과 상당히 달라질 것이다. 우선 사회 구조와 일상의 모습부터 전환이 예상된다. 물리적인 회사 사무실의 의미는 줄어들고, 전 세계 어디에 있든 같은 가상 공간에 모여 협업할 수 있는 시대가 열린다. 이는 단순한 편의의 문제가 아니라 도시와 거주의 형태까지 바꿀 수 있다.

교육과 엔터테인먼트에서도 가치 변동이 뚜렷하다. 미래의 학생들은 AR 글래스를 통해 전 세계 어디서나 같은 교실에 모여 교사와 동급생을 실시간으로 만날 수 있을지 모른다. 혹은 눈앞에 홀로그램 튜터나 VR 실험실을 띄워놓고 자신만의 페이스대로 학습할 수 있다. 맞춤형 몰입 교육은 교육 기회의 형평성을 높이고, 지리적 한계를 뛰어넘는 글로벌 학습 공동체를 형성할 가능성을 보여 준다.

하지만 가장 근본적인 변화는 가치관과 사회 규범에서 나타난다. 현실과 가상의 경계가 희미해지는 생활에 익숙해진 세대는 이전과 다른 질문을 마주한다. 무엇이 '진짜'이고 '가짜'인지, 현실의 나와 온라인 아바타 중 어느 쪽이 더 '나'다운지, 정체성의 기준 자체가 흔들린다. 디지털 자산과 데이터의 가치는 지금보다 훨씬 중요해질 전망이다. 현실의 명품보다 가상세계에서 사용할 3D 아바타 의상이나 NFT 예술품에 더 큰 비용을 지불하는 장면은 가능성이 아니라 이동 중인 가치의 징후다. 부와 지위의 상징이 물질에서 디지털 경험과 소유로 이동할 수도 있다.

프라이버시, 보안, 윤리 역시 재정립되어야 한다. AR 스마트글래스가 보급되면 길거리의 누군가를 바라보기만 해도 공개된 신상정보나 소셜미디어 기록이 시야에 뜰 수 있다. 편의를 넘어 감시와 침해의 문제로 이어질 수 있으니, 어디까지 공개하고 공유할 것인지 사회적 합의가 중요해진다. 더불어 디지털 격차도 커질 수 있다. 누가 기술에 접근하고 통제하는가에 따라 개인과 국가 간 정보 격차와 권력 불균형이 심화될 가능성이 있다. 개방성·분산성·투명성 요구가 함께 커지는 이유다. 블록체인과 분산 컴퓨팅이 메타버스 인프라와 맞물려 주목받는 배경도 디지털 세계의 소유와 통제의 민주화라는 흐름으로 읽을 수 있다.

결국 미래 사회는 "무엇이 정말 중요한 가치인가"라는 질문 앞에 선다. 현실 경험과 디지털 경험 사이의 균형, 기술의 편리함과 인간다움의 우선순위 같은 새로운 딜레마가 서서히 법과 제도, 생활양식까지 바꾸며 문명의 방향을 재설정할 것이다.

◀ 철학적 질문과 인류 문명의 다음 단계 ▶

공간 컴퓨팅과 AI가 가져올 변혁은 단지 도구의 개선이 아니라, 인류의 인지적·철학적 패러다임 전환을 예고한다. 그것은 7만 년 전 인지혁명, 오천 년 전 문자 발명과 맞먹는 문명사적 전환점일 수 있다. 유발 하라리는 인류의 역사가 호모 사피엔스의 종언과 어떤 새로운 존재로의 변모 가능성을 열어둘 수 있다고 언급한다. 이 통찰 위에서 우리는 더 근본적인 질문을 피할 수 없다. 공간 컴퓨팅과 AI 시대에 '인간'은 무엇으로 정의되는가?

첫째, 현실이란 무엇인가. 혼합현실 세계에서는 물리적 실재와 가상적 창조물이 긴밀히 얽혀, 전통적 현실 개념이 흔들린다. 같은 거리 위를 걷더라도 각자 다른 AR 콘텐츠를 본다면, 두 사람의 주관적 현실은 달라진다. 충분히 정교한 VR 환경에서는 뇌가 현실과 가상을 구분하기 어려워질 수도 있다. 그렇다면 진짜 경험과 가짜 경험의 경계는 어디에 그을 것인가. 플라톤의 동굴 우화나 데카르트의 악마가 제기했던 감각의 불완전성 문제는, 미래에 더 복잡하고 실질적인 논쟁으로 되돌아올 수 있다. 또한 시간 경험도 재구성된다. 공간 촬영한 영상과 사진이 과거의 순간을 눈앞의 공간으로 소환할 때, 인간의 기억과 삶의 서사는 어떤 형태로 바뀌게 될까.

둘째, 인간의 인지와 기억은 어디까지 확장될 것인가. 이미 우리는 스마트폰과 인터넷으로 외부 기억장치와 확장된 사고 도구를 사용한다. 앤디 클라크의 확장된 마음 Extended Mind 이론은 노트북과 스마트폰 같은 도구도 인지 체계의 일부가 될 수 있음을 시사한다. AR 글래스와 AI 에이전트가 결합되면 많은 인지 기능이 외부 장치와 클라우드 AI로 위탁될 가능성이 높다. 암기나 계산이 아니라, 시야에 뜨는 실시간 해답을 참조하며 판단하는 인간. 이때 지식, 기억, 자아의 동일성은 새로운 쟁점이 된다. 내 머릿속에 없는 지식을 필요할 때마다 불러올 수 있다면, 그것은 나의 지식인가? 확장된 인지가 집단 지성과 결합한다면, 우리는 어떤 새로운 사고의 차원으로 이동하게 될까?

셋째, AI와 인간의 경계, 그리고 의식과 지능의 관계다. 하라리는 지능(정보처리)과 의식(주관적 경험)이 분리될 수 있다고 전망한다. 알고리즘이 우리의 취향과 욕구를 우리보다 잘 예측하면서도,

감정과 자아는 없다는 사실은 지능이 의식 없이도 작동할 수 있음을 보여준다. 공간 컴퓨팅이 발전하면 일상적 판단과 사회 운영의 많은 부분이 AI에 의해 최적화될 수 있다. 그때 인간의 자율성과 의미 부여는 어떻게 되는가. 인간이 거대한 시스템의 데이터로 전락할 위험이 커지는가, 혹은 노동과 부조리를 덜어 창조와 자기실현에 집중하게 되는가. 어느 쪽이든 인간 존재에 대한 재평가는 불가피하다.

넷째, 새로운 문명 단계에서 윤리와 목적은 무엇인가. 산업혁명은 노동 가치와 기계의 역할을, 정보혁명은 프라이버시와 지식 공유를 논쟁으로 만들었다. 공간 컴퓨팅과 AI가 결합한 디지털 우주 시대는 인간 삶의 의미와 목적을 다시 묻는다. 현실을 뛰어넘는 쾌락과 편의를 끝없이 추구할 것인가, 아니면 기술을 통해 인간 정신의 성숙과 공동체의 행복을 지향할 것인가. 이에 따라 문명의 향방은 크게 갈릴 것이다. 트랜스휴머니즘은 기술로 증강된 인간이 마침내 인간을 넘어서는 존재 Homo Deus 로 진화할 수 있다고 본다. 반면 다른 시나리오에서는 개인의 의미가 약화되고 인류가 집단적 데이터 처리 시스템처럼 융합될 가능성도 거론된다. 상반된 가능성 사이에서, 무엇을 선택할지 묻는 질문은 결국 기술이 아니라 인간에게 돌아온다.

빅 히스토리의 긴 관점에서 보면 우리는 새로운 전환의 지평에 서 있다. 돌도끼에서 달 착륙까지, 인터넷의 연결까지, 인간은 도구와 상징으로 세계를 재창조해왔다. 이제 공간 컴퓨팅은 현실 그 자체를 디지털로 덧칠하는 단계로 우리를 밀어 넣는다. 그리고 도구의 진화가 언제나 그랬듯, 이것 또한 양날의 검이다. 불은 따뜻함을 주었지만 전쟁의 무기가 되었고, 산업기계는 풍요를 늘렸지만 자연을 파괴했다. 공간 컴퓨팅 역시 경험의 지평을 넓히며 동시에 윤리적·사회적 과제를 증폭시킬 것이다.

우리는 스스로 만든 디지털 우주 속에서 어떤 존재로 거듭날 것인가. 역사상 처음으로 우리는 물리적 우주를 넘어 디지털로 확장된 우주를 창조했고, 그 안에 발을 들여놓았다. 그리고 그 다음 단계의 역사를 어떤 이야기로 채울지는 오롯이 우리 세대의 몫으로 남아 있다.

동굴 벽화는 공간에 의미를 새긴 첫 기록이었다. 문자는 기억을 외부로 꺼내어 공간에 저장한 혁명이었다. 인터넷은 정보의 흐름을 연결해 공간의 거리를 무너뜨렸다. 그렇다면 공간 컴퓨팅은 무엇인가. 어쩌면 이것은 인간이 '공간을 기록하던 종'에서 '공간을 편집하는 종'으로 넘어가는 문명적 변곡점일지 모른다. 우리가 살아온 현실은 단단한 바닥처럼 고정된 배경이었지만, 앞으로의 현실은 업데이트 가능한 인터페이스가 될 가능성이 크다. 그렇다면 인간은 어떤 기준으로 '현실'을 합의하고, 어떤 윤리로 '편집된 공간'을 운영할 것인가. 기술은 이제 질문을 숨기지 않는다. 오히려 질문을 눈앞에 띄운다. 그리고 그 질문에 답하는 방식이, 공간 컴퓨팅 시대의 인간을 정의하게 될 것이다.

빛과 그림자
가짜와 진짜를 어떻게 구분할 것인가

공간 컴퓨팅의 진화는 현실과 디지털 세계를 합쳐 우리의 삶으로 스며들기 시작했고, 산업을 재구성할 잠재력을 지닌 채 빠르게 발전하고 있다. 그러나 기술의 성장 이면에는 늘 어두운 면과 부작용이 있었다. 전화가 도청 논란을 불러왔고, 인터넷이 개인정보 유출과 감시의 논쟁을 낳았듯이, 공간 컴퓨팅 또한 새로운 편리함만큼이나 새로운 위험을 동반한다. 이 장에서는 공간 컴퓨팅 시대에 특히 크게 부각될 프라이버시와 규제, 과도한 AI 의존, 공간의 소유와 제어, 윤리·보안·사회적 격차, 그리고 공통의 현실이 흔들리는 문제를 차례로 살펴본다.

내가 보는 모든 것이 기록될 때

"당신의 모든 시선과 동작이 데이터가 된다"

사용자가 스마트글래스를 착용하고 거리를 걷는다. 길가의 빵집을 바라보며 기침을 하는 순간, 시스템은 "배가 고프고, 감기에 걸린 상태"라고 해석한다. 근처 식당을 추천하고, 감기약 광고를 띄우는 일이 가능해진다. 맥락 정보 기반의 추천은 기존에 경험하지 못한 편리함을 제공하지만, 동시에 심각한 개인정보 문제를 야기할 수 있다. 사용자가 무의식적으로 제공한 데이터를 누가, 어떻게 활용하는지는 아직 명확하지 않기 때문이다.

공간 컴퓨팅의 핵심은 맥락 인식이다. 개인화된 정보를 제공하기 위해 위치, 시선, 주변 사람과 사물, 시간대, 이전 활동 기록 등을 종합적으로 분석한다. 이를 위해 카메라와 마이크로 물리 환경을 실시간 스캔하고, 아이트래킹Eye Tracking(시선 추적) 같은 민감한 데이터를 수집한다. 이렇게 무의식적으로 수집되는 정보는 개인의 행동과 상태를 정교하게 분석해 맞춤형 서비스를 가능하게 하지만, 반대로 말하면 공공장소에서 타인의 얼굴, 행동, 대화까지 동의 없이 기록될 위험이 커진다는 뜻이기도 하다. 스마트글래스가 보편화되면 공공장소에서의 사생활 개념 자체가 흔들릴 가능성이 크다.

문제는 이러한 정보가 어느 기업의 서버에, 어떤 방식으로 저장되고, 누구와 공유되며, 어떤 기준으로 삭제되는지 일반 사용자가 거의 알 수 없다는 점이다. 일부 기업은 온디바이스_{On-Device} 프로세싱을 강조하며 "기기에서 처리하고 삭제한다"라고 말하지만, 현실적으로는 기업의 자율적 선언에 의존하는 경우가 많고 외부 감사 체계가 충분치 않다.

현재 개인정보 보호법의 기본 원칙은 '동의'다. 사용자가 명확히 동의해야 기업은 데이터를 수집·처리할 수 있다. 하지만 공간 컴퓨팅 환경에서 사용자가 표정·반응·위치 데이터가 수집되는 매 순간 동의를 누르는 것은 사실상 불가능하다. 글래스를 쓴 채로 매번 "지금 촬영하신 건가요?" "찍어도 되나요?"를 묻고 답하는 것도 현실성이 없다. 그래서 2013년 구글 글래스 출시 당시 일부 식당과 바가 착용 손님의 출입을 금지했던 일이 있었고, 메타의 레이밴 글래스는 사진·동영상 촬영 시 제품에 작은 흰 불빛이 들어오도록 해 최소한의 사회적 신호를 만들려 했다.

더 큰 우려는 공권력과 감시로의 전용이다. AR이 경찰이나 정보기관의 감시 수단으로 활용되는 것은 이미 현실화돼 있다. 중국에서는 경찰이 스마트글래스와 안면인식 기술을 활용해 용의자를 판별·검거하는 데 사용했고, 만 명 규모의 얼굴 데이터베이스에서 0.1초 만에 신원 대조를 통해 검거에 도움이 된 이력도 보고된 바 있다. 효과가 있을 수는 있지만, 동시에 시민을 상시 추적하는 도구가 될 위험도 내포한다. 무제한 감시 권한이 시민 통제 수단으로 전락할 가능성은 결코 가벼운 가정이 아니다.

이 때문에 업계와 규제기관 모두 새로운 균형점을 모색하고 있다. 미국의 한 정책 보고서는 "AR 기기만을 위한 새로운 법을 만들기보다 업계가 자율적인 프라이버시 보호 기준과 행동 강령을 마련하도록 유도해야 한다"라고 권고한다. 또한 공권력이 스마트글래스를 사용할 경우 기본권 침해를 막기 위한 명확한 가이드라인이 필요하다고 강조한다.

업계도 모범 사례를 만들려 한다. 개인정보 처리 방침을 알기 쉽게 쓰고, 최소 데이터만 수집하며, 세분화된 동의 옵션과 프라이버시 설정을 쉽게 제공하는 방향으로 진화 중이다. 법률 용어 대신 일상 언어로 명확히 표현하려는 노력도 이어지고 있다. 주기적 보안 감사와 투명성Transparency 보고 역시 중요해진다. 실제 미국 성인의 80%가 데이터 프라이버시 정책이 브랜드 충성도에 중요한 영향을 준다고 답했다.

결국 공간 컴퓨팅에서의 프라이버시와 규제는 기술혁신과 인권의 가치 사이에서 해법을 찾아야 하는 도전이다. 전화와 인터넷이 그랬듯, 공간 컴퓨팅 시대에도 사회적 합의와 규범이 필요하다. 다만 이번에는 눈에 보이는 현실 자체가 데이터가 되는 만큼 안전장치를 더 빠르고 정교하게 함께 발전시켜야 한다.

◀ AI 없이는 살 수 없게 될까? ▶

공간 컴퓨팅 시대에 AI는 모든 기능의 중심에서 동작한다. 주변 사물 인식, 가상 객체의 배치, 사용자의 동작 이해는 물론이고, 물리적 AI 로봇이나 IoT 기기와 연결되면 환경 제어와 의사결정 보조까지 담당한다. AI가 '보조 기능'이 아니라 '운영 체계'가 되는 순간이다.

이미 일상에서 챗GPT를 비롯한 AI 사용 빈도는 증가하고 있다. 특히 AI 에이전트가 일상에 들어와 함께 일하는 환경에 길들여지면, 사람은 쉽게 AI에 의존적으로 바뀔 수 있다. 스위스 비즈니스 스쿨의 마이클 게를리히 Michael Gerlich 교수 연구는 AI 도구 사용 빈도가 높을수록 인지적 오프로딩 Cognitive offloading이 증가한다고 말한다. 인지적 오프로딩이란 기억 유지, 의사결정, 정보검색 같은 인지작업을 외부 도구에 위임하는 현상인데, AI 도구에 더 많이 의존할수록 사용자가 정보를 깊이 분석하고 독립적으로 문제를 해결할 필요성이 감소해 비판적 사고력이 약해질 수 있다는 것이다.

인간은 편리함에 익숙해지면 기계의 판단을 비판 없이 받아들이는 경향이 있다. 공간 컴퓨팅 환경에서는 눈앞에 보이는 정보이기 때문에 더 신뢰해버릴 가능성이 크다. 실제로 한 연구팀은 VR 앱을 해킹해 방 안의 안전 경계선을 몰래 삭제했고, 사용자가 벽에 부딪히게 되는 일이 발생했다. 사람들은 가상 공간에 몰입한 나머지 현실의 물리적 위험을 인지하지 못했다. 또 다른 연구에서는 AR 안내를 사용할 때, 2D 지도를 볼 때보다 주변 환경에 대한 주의와 비판적 판단을 소홀히 해 잘못된 선택을 더 자주하는 현상이 관찰되었다. AR의 몰입감과 시각화가 AI의 판단을 믿고 방심하게 만드는 인지적 편향을 키울 수 있기 때문이다.

　XR 사용이 잦아질수록 현실보다 가상 정보를 우선할 위험도 있다. 이는 사회성과 현실 감각을 약화시킬 수 있으며, 디지털 환경에 과도하게 몰입해 현실과의 연결감이 줄어드는 디지털 해리 Dissociation 상태로 이어질 가능성도 있다. 이미 스마트폰과 AI 챗봇에 지나치게 빠져 인간관계가 소원해지는 사례가 존재하는데, 공간 컴퓨팅 기기가 늘 시야에 존재하고 AI가 개인별 맞춤으로 계속 말을 걸어주는 환경에서는 이러한 현상이 더 강하게 작동할 수 있다. 사회적 고립, 공감 능력 저하로 이어질 위험을 경계해야 한다.

　AI는 우리에게 날개를 달아줄 수도 있고, 스스로 생각하는 힘을 빼앗아갈 수도 있다. 그래서 공간 컴퓨팅 시대의 중요한 설계 원칙은 'AI를 더 똑똑하게'가 아니라 '사람을 더 주체적으로'이다. AI가 정보와 판단 근거를 충분히 설명하고, 사용자가 스스로 결정을 내릴 지점을 남겨야 한다. AI 튜터가 답을 주기보다 열린 질문으로 탐색을 돕듯, 일상에서도 AI에게 일방적 결론을 받기보다 이해와 학습을 촉진하는 방식으로 설계·활용하는 것이 중요하다.

공간의 주인은 누구인가

　인간의 중요한 자산 중 하나는 땅과 부동산이다. 공간 컴퓨팅에서 핵심은 디지털 정보가 씌어지고 놓일 현실 공간이다. 그렇다면 그 공간의 주인은 누구인가? 현실의 주인과 디지털 공간의 주인이 같다면 갈등이 적겠지만, 대부분은 그렇지 않을 것이다.

메타버스 초기에는 가상 부동산을 NFT로 매매하며 실제로 큰 돈이 오가기도 했다. 그러나 공간 컴퓨팅의 디지털 정보는 더 현실과 맞닿아 있다. 포켓몬고를 만든 나이언틱이 포켓몬이 등장하는 전 세계의 땅을 소유한 주인이 아니듯, 현실에서 디지털 공간을 사용하는 회사나 개인은 대개 땅의 실제 소유자가 아니다. 그런데도 만약 내 허락 없이 내 집 벽면에 AR 광고가 덧씌워진다면, 현실의 광고판을 무단으로 쓰는 것처럼 느껴질 수 있다.

이 충돌은 법률의 사각지대에 놓여 있다. 현실에서 남의 건물에 함부로 간판을 붙이면 문제 삼을 수 있지만, 디지털 공간에서 '남의 건물 위 가상 광고'를 직접 규율하는 조항은 아직 부족한 경우가 많다. 포켓몬고 열풍 당시 사유지나 민감한 장소에도 희귀 포켓몬이 나타나 플레이어가 무단 침입하는 일이 있었고, 일부 집주인이 나이언틱을 상대로 소송을 제기했다. 결국 나이언틱은 합의를 통해 사유지 인근 몬스터 출몰을 제한하고, 원하면 사유지 인근을 포켓몬 출몰 금지 구역으로 신청할 수 있도록 개선했다. 게임이었지만, 현실 공간과 가상 공간의 충돌이 분쟁으로 이어질 수 있음을 보여준 사례다.

그렇다면 디지털 공간의 권리는 누가 갖게 될까? 블록체인이나 오픈소스 협력으로 평등한 참여 생태계를 만들 수 있다는 낙관론이 있는 반면, AR 클라우드를 통해 거대 기업 몇 곳이 사실상 전 세계의 공간 지형도를 소유하게 될 것이라는 전망도 있다. 역사적으로 새로운 기술의 시대에는 선점 경쟁과 독과점이 반복되었다. 플랫폼 경제 역시 초기 선점 기업이 시장을 장악했고, 지금도 시장 주도권은 쉽게 이동하지 않는다.

현실에서는 국가가 영토를, 개인과 법인은 등기와 계약으로 부동산을 소유·임차한다. 그러나 디지털 공간의 소유는 전통적 소유권 개념과 잘 맞지 않는다. AR 클라우드의 랜드마크 장소는 선점 경쟁의 대상이 될 수 있고, "어디에 어떤 콘텐츠를 보여줄 것인가"라는 권리는 플랫폼 사업자가 가져갈 가능성이 높다. 임의 규칙으로 배분하더라도 이해관계 충돌은 쉽게 발생한다. 그래서 더 투명하고 공정한 권한 배분 방식, 표준화가 필요하다. 공간 컴퓨팅은 정보가 현실에 영향을 미치는 패러다임이며, '넥스트 디지털 주권'의 핵심이 될 가능성이 크다.

안전과 공정성, 그리고 격차

공간 컴퓨팅이 일상으로 들어오면, 우리는 인식하고 상호작용하는 방식 자체가 바뀐다. 동시에 우리의 일거수일투족이 기록·분석되며 사생활 보호 권리가 약해질 수 있다. 동공 추적 같은 기술은 내가 어떤 광고에 흥미를 느끼는지, 나조차 인지하지 못하는 무의식 영역까지 침범할 수 있다. 프라이버시 경계를 어디까지 설정할지, 개인이 정보의 흐름을 투명하게 알고 통제할 수 있도록 하는 장치가 중요해진다.

사이버 보안과 안전 문제도 크다. 누군가 시스템을 해킹해 악성 코드를 심고 가상 경계를 지워버리거나, 디지털 정보를 조작해 사용자의 인지에 영향을 주며 공포감을 조성할 수도 있다. 이런 위험을 최소화하려면 소프트웨어 취약점을 줄이고, 해킹 탐지·대응 체계를 갖추며, 문제 발생 시 투명한 공개와 피해 최소화 방안이 함께 마련되어야 한다.

반면 긍정적 신호도 있다. 최근 CES를 포함한 전 세계 트렌드를 보면 XR 기술로 장애인·노인의 불편을 해소하려는 제품들이 등장하고 있다. 시각장애인을 위한 스마트글래스, 청각장애인을 위한 자동 스크립트, 황반 변성을 교정하기 위한 글래스 등은 기술이 사회적 포용력을 확장할 수 있음을 보여준다. 다만 초기에는 고가 디바이스 접근성으로 인해 디지털 격차가 더 벌어질 수 있으므로, 보조금 정책 같은 공공적 고려도 필요하다.

◀ 모두가 다른 현실을 볼 때 진실은 어디에 ▶

현실과 가상이 겹쳐지고 경계가 흐려지면, 우리는 어디까지를 현실로 받아들이게 될까? 모두가 각자 자신의 안경으로 세상을 본다면 공통의 현실이 약해지고, 각자 원하는 정보만 취득하는 방식이 소통 단절로 이어질 수 있다. AI 프롬프트만으로 이미지·영상을 쉽게 생성하는 시대에, 글래스로 보이는 정보가 어디까지 진짜인지 혼란에 빠질 가능성도 커진다. 현실 공간에 보이는 진짜 같은 정보를 검증하는 과정과 장치가 필수로 요구될지도 모른다.

인류는 과거에도 기술이 등장할 때마다 윤리와 제도를 진화시켜왔다. 자동차가 등장하던 시절 교통법규와 보험이 만들어졌고, 인터넷 보급 이후 정보통신·정보보호 관련 법제가 발전했다. 공간 컴퓨팅도 마찬가지다. 이미 IEEE와 XRSI에서도 전문가들이 XR 윤리에 대한 백서를 내고 개인정보 보호, 안전, 보안 등의 가이드라인을 제시하고 있다. 사회적 안전장치는 가능하면 사전에 마련하는 것이 중요하며, 이를 위해 충분히 상상하고 토론하는 과정이 필요하다.

공간 컴퓨팅은 이제 서막에 불과하다. 과도한 낙관도, 막연한 비판도 해답이 아니다. 중요한 것은 기술의 가능성과 위험을 동시에 직시하고, 열린 마음으로 지혜를 모아 제도와 설계를 함께 진화시키는 일이다. 우리는 이 새로운 세상의 가능성과 윤리와 제도에 대한 논의를 앞으로도 계속 이어가야 한다.

공간 컴퓨팅의 위험은 대개 기술 자체의 능력 부족이 아니라, 기술이 현실에 적용될 때 생기는 운영 실패에서 시작된다. 프라이버시는 동의 버튼 하나로 해결되지 않는다. AI 의존은 편리함이 아니라 '사고의 근육' 문제다. 디지털 공간의 소유권은 법과 표준, 그리고 공정한 룰의 문제다. 그리고 무엇보다, 우리가 함께 공유해온

'공통의 현실'이 흔들릴 때, 사회는 신뢰를 잃는다. 그래서 공간 컴퓨팅 시대의 경쟁력은 더 작은 디바이스나 더 선명한 그래픽만으로 결정되지 않는다. 투명성, 설명 가능성, 권한의 균형, 안전 설계, 그리고 인간을 중심에 두는 운영 철학이 기술의 미래를 가른다. 질문은 하나로 모인다. 우리는 이 기술을 우리의 능력을 확장하는 도구로 만들 것인가, 아니면 우리의 자율을 잠식하는 시스템으로 내어줄 것인가.

2035년의 일상 미리보기
시공간의 제약이 사라진 '슈퍼 개인'의 탄생

인류는 지금 거대한 패러다임 전환의 문턱에 서 있으며, 공간 컴퓨팅이라는 새로운 물결이 기존의 질서를 재편하고 있다. 공간의 경계가 허물어지고 현실과 가상이 융합되면서 우리가 익숙했던 모든 규칙이 근본적으로 바뀌고 있다. 스마트폰 혁명 이후 꾸준히 확장해 온 디지털 세계는 이제 공간 컴퓨팅이라는 거대한 흐름으로 진화하여 우리 앞에 다가왔다. 이는 단순한 기술의 변화를 넘어 시간과 공간, 그리고 인간 능력의 근본적인 확장을 의미한다.

새로운 질서 속에서는 새로운 규칙이 만들어지며, 개인과 기업, 국가는 모두 이러한 변화에 철저히 대비해야 한다. 다가올 미래의 한 장면을 시나리오로 구체화함으로써, 공간 컴퓨팅 시대가 가져올 비즈니스 기회와 산업 구조의 변화를 예측할 수 있다. 또한 라이프스타일의 전환과 가치관의 재편, 나아가 기업과 국가의 역학 관계 변화까지 깊이 있게 통찰할 필요가 있다. '시간, 공간, 인간의 확장'이라는 핵심 키워드를 통해 미래의 변화를 조망하고, 이 거대한 전환을 주도할 플레이어들과 우리가 맞이하게 될 새로운 규칙을 면밀히 살펴본다.

◀ 2035년, 당신의 하루 ▶

2035년 서울에 사는 직장인 최미래의 하루를 통해, 시간과 공간 그리고 인간의 능력이 확장된 미래의 일상을 구체적으로 그려본다. 아침 7시, 그녀는 시끄러운 알람 소리 대신 침실 벽 전체에 투사된 가상의 해돋이 풍경을 보며 잠에서 깨어난다. 이 디지털 해돋이는 AR 윈도우(증강현실 기술이 적용된 창문)를 통해 실제 창밖의 하늘과 자연스럽게 겹쳐지며 새로운 아침을 알린다. 눈을 뜨자마자 개인 AI 에이전트(인공지능 비서)가 AR 형태로 나타나 오늘의 일정을 브리핑한다. 이 에이전트는 밤새 수집된 전 세계 뉴스와 업무 관련 정보를 마치 대화하듯 자연스럽게 전달한다.

미래의 아침은 시공간의 제약을 넘어선 소통으로 시작된다. 거실로 나오면 벽면에는 멀리 사는 부모님과의 홀로그램(3차원 입체

영상 기술) 화상채팅이 연결되어 있다. 덕분에 마치 한 공간에 있는 것처럼 생생하게 아침 인사를 나눌 수 있다. 아이들은 각자의 방에서 가상 교실에 접속하여 세계 각지에 있는 친구들과 함께 실시간으로 진행되는 수업을 준비한다. 이처럼 시간과 공간의 제약 없이 모든 인간이 자유롭게 연결되는 일상은 미래 사회의 보편적인 모습이다.

출근길의 풍경 또한 과거와는 완전히 달라진다. 최미래는 집에서 5분 거리에 있는 '메타버스 포탈 카페'에 들러 커피를 주문한다. 로봇 바리스타는 그녀의 취향을 정확히 기억하여 맞춤형 커피를 제공한다. 커피를 마시는 동안 그녀는 AR 스마트글래스를 착용하고 가상 사무실에 접속한다. 동료들은 전 세계 각지에 흩어져 있지만, 모두가 동일한 가상 회의실 테이블에 아바타 형태로 앉아 회의를 진행한다. 간단한 손짓과 음성만으로 문서를 공유하고, 3D 모델을 눈앞 허공에 띄워 함께 조작하며 아이디어를 구체화한다. 동시에 AI 에이전트는 회의 내용을 실시간으로 요약하고, 의사결정에 필요한 데이터를 3D 차트로 시각화하여 제시한다.

이처럼 발전된 AI 에이전트와 공간컴퓨터 기술 덕분에, 한 사람이 동시에 여러 역할을 수행하며 생산성을 극대화하는 것이 일상이 되었다. 공간 컴퓨팅 기술을 활용하여 최미래는 오전에 뉴욕 팀과 협업을 마친 뒤, 곧바로 싱가포르의 클라이언트와 MR 프레젠테이션을 진행한다. 물리적인 비행 없이도 동시에 여러 공간에 존재하며 업무를 처리하는 것이 가능해진 것이다.

점심시간에는 거실 벽면 전체를 디스플레이 삼아 세계적인 박물관의 메타버스(현실과 가상이 융합된 3차원 가상 세계) 전시를 감상한다. 그녀는 홀로포테이션(원격지의 사람을 3차원 홀로그램으로 실시간 전송하는 기술)을 통해 다른 관람객들의 아바타와 소통하며 작품에 대한 깊이 있는 토론을 나눈다. 오후에는 아이와 함께 혼합현실 교육 시간을 가진다. 아이는 거실에 생생하게 구현된 고생대 숲속을 탐험하며 살아 움직이는 공룡을 체험하고, 미술 시간에는 AI 튜터의 지도를 받으며 AR 그림을 그린다. AI는 아이의 학습 수준과 성향을 정밀하게 분석하여 최적화된 맞춤형 교육 콘텐츠를 제공한다. 퇴근 후 자기 계발 역시 시공간의 제약을 받지 않는다. 그녀는 VR 헤드셋을 착용하고 글로벌 온라인 대학의 강의를 수강한다. 세계적인 석학의 강연이 메타버스 강의홀에서 실시간으로 진행되며, 전 세계 수강생들과 아바타 형태로 만나 자유롭게 토론하며 지식을 확장한다.

저녁이 되면 친구들과의 만남도 새로운 차원에서 이루어진다. 각자 자신의 집에 있지만, AR 글래스를 통해 동일한 혼합현실 테마파크에 모여 가상 놀이기구를 타고 콘서트를 관람한다. 평범한 현실의 거실이 순식간에 화려한 공유 무대로 변신하고, 물리적 효과와 가상 효과가 절묘하게 어우러져 이제껏 경험하지 못한 몰입감을 선사한다. 콘서트가 끝난 후에는 가상 의류 매장에서 아바타 패션쇼를 즐긴다. 거울 형태의 디스플레이 앞에 서면 현실의 몸 위에 가상 의상이 자연스럽게 입혀지고, 마음에 드는 옷은 3D 프린

팅으로 즉시 주문하거나 NFT 형태로 구매할 수 있다. 이처럼 현실 공간과 가상 상거래의 매끄러운 연동은 완전히 새로운 쇼핑 문화를 창조한다.

하루를 마치며 창밖의 야경은 단순한 풍경을 넘어 디지털 융합 경관으로 변모한다. 실제 도시의 모습 위로 실시간 교통 흐름이 시각화되고, 오늘 하루 그녀의 운동량과 업무 성과가 은은한 그래프 형태로 겹쳐 보인다. 도시는 그 자체가 거대한 스마트 시티로 진화하여, 실시간 데이터와 연계된 개인 맞춤형 AR 경관을 제공하는 것이다. 그녀는 잠들기 전, AI 주치의가 AR로 보여주는 건강 피드백을 확인하고 스트레칭 지도를 받으며 편안하게 눈을 감는다. 내일은 가상 휴양지에서 원격 재택근무를 하고, 점심에는 로봇이 서빙하는 식당에서 친구를 만날 예정이다. 밤에는 우주 공간으로 설정된 가상 상영관에서 가족과 함께 영화를 볼 계획이다.

이처럼 미래의 하루에는 시간과 공간의 제약이 거의 존재하지 않는다. 물리적 이동은 최소화되는 반면, 동시에 여러 공간에서 다양한 역할을 수행함으로써 체감 시간의 밀도는 과거보다 훨씬 높아진다. 업무와 여가의 경계는 유연해지다 못해 희미해지며, 가상 세계에서 얻은 경험과 성취는 현실 세계의 가치로 자연스럽게 이어진다. 이러한 미래를 가능하게 하는 핵심 동력은 공간 컴퓨팅과 인공지능의 결합이다. 인간은 AI와 협력하여 자신의 창의성과 상상력을 극대화하고, 공간컴퓨터를 통해 그 상상을 즉시 현실로 구현한다. 그 결과 한 개인이 만들어내는 가치와 영향력은 과거의 거대

조직이나 국가에 필적할 만큼 증폭된다. 이른바 '슈퍼 개인'의 등장이 현실화되는 것이다.

앞서 제시된 시나리오는 단순한 공상과학이 아니라, 현재 진행 중인 기술 혁신이 충분히 성숙했을 때 도달 가능한 가까운 미래의 모습이다. 공간 컴퓨팅은 VR, AR, MR 기술을 통해 물리적 세계와 디지털 정보를 완벽하게 융합한다. 이러한 융합은 이미 산업, 교육, 의료, 유통 등 사회 전반에서 업무 효율과 사용자 경험을 혁신하고 있다. 또한, 메타버스 플랫폼에는 이미 수억 명의 사용자가 모여 새로운 경제 활동을 펼치고 있으며, 원격 협업과 몰입형 시뮬레이션 기술은 생산성과 교육 분야에서 혁신을 일으키고 있다. 우리는 시간, 공간, 그리고 인간 능력의 한계가 새롭게 재정의되는 시대의 전환기를 맞이하며, 그 안에서 무한한 기회와 동시에 새로운 도전에 직면하고 있다.

◀ 공간 경제가 산업 지도를 다시 그린다 ▶

현실 공간의 데이터화와 가상 공간의 현실화가 맞물리면서 새로운 디지털 공간 경제가 부상하고 있다. 이 과정에서 과거에는 존재하지 않았던 신산업과 비즈니스 모델이 속속 등장한다. 메타버스 내의 가상 재화 시장은 이미 수십억 달러 규모로 성장했으며, 많은 기업이 고객 경험을 혁신하기 위해 VR 쇼룸이나 AR 기반의 가상 피팅 서비스를 도입하고 있다. 디지털 공간에서는 물리적 제약 없이 무한대의 고객을 맞이할 수 있으며, 현실에서는 불가능했던 규모의 관객을 동원하는 엔터테인먼트 비즈니스의 성공 사례가 그 가능성을 증명한다.

AR 광고, MR 테마파크와 같은 서비스 혁신 역시 가속화되며 기존 산업의 경계를 허물고 있다. 평범했던 길거리의 간판과 상점의 쇼윈도는 AR 스마트글래스를 착용하는 순간 상호작용이 가능한 광고 매체로 변모한다. 소비자들은 가상 캐릭터의 환영을 받으며 새로운 브랜드 경험을 하게 된다. 유통업계는 AR 글래스를 통해 상품 정보를 실시간으로 제공하고 재고를 가상 공간에 진열하는 '공간 웹'을 도입하여 온라인과 오프라인의 경계를 완전히 허물고 있다. 부동산과 여행 산업에서는 VR 투어를 통해 현장을 대체 체험한 후 즉시 거래를 체결하는 방식이 보편화된다. 제조업과 건설업에서는 디지털 트윈을 활용하여 모든 운영을 가상으로 시험한 후 현실에 적용함으로써 개발 비용과 시간을 획기적으로 절감한다. 이는 과거 산업 구조의 연장선이 아니라, 공간 자체가 결합된 완전히 새로운 경제 활동의 장이 열렸음을 의미한다.

이 새로운 공간 경제에서는 가상 공간 그 자체가 하나의 거대한 산업으로 부상한다. 현실의 제약을 넘어서는 서비스에 대한 수요가 폭증하면서 메타버스와 공간 컴퓨팅 시장은 폭발적으로 성장하고 있다. 이제 공간을 얼마나 잘 활용하여 풍부한 경험을 설계하는가가 기업 경쟁력의 핵심이 된다. '새로운 디지털 공간 경제New

Digitalized Spatial Economy'는 현실 경제의 물리적 틀을 확장하여 가상 공간을 거대한 경제 무대로 탈바꿈시킨다. 이는 기업에게는 혁신적인 비즈니스 모델을 창출할 기회이며, 개인에게는 새로운 일자리와 수익 경로를 열어주는 통로이다. 플랫폼을 기반으로 확장되는 크리에이터 경제 속에서는 개인의 상상력과 창의성이 곧 자산이 되며, 아이디어를 얼마나 빠르게 구현하는지가 성공의 열쇠가 된다.

공간 컴퓨팅과 AI의 융합은 소프트웨어 및 하드웨어 시장의 성장을 동시에 촉진한다. 특히 생성형 AI는 3D 환경, 디지털 휴먼, 가상 친구 등을 실시간으로 생성하며 가상 세계를 더욱 풍요롭게 만든다. 요컨대 공간 컴퓨팅 시대의 산업 및 비즈니스 지형은 경계가 허물어진 공간 위에서 완전히 새롭게 그려진다. 경험 경제와 창의산업의 비중이 압도적으로 커지고, 기업은 유형의 제품뿐만 아니라 공간적 경험 그 자체를 상품화해야만 생존할 수 있다. 산업 생태계는 수평적 연결이 강화되어 이종 산업 간의 융합이 가속화되며, 서로 다른 영역의 플레이어들이 경쟁과 협력을 반복하는 복합적인 경쟁 구도가 형성된다.

공간 컴퓨팅 시대의 도래는 필연적으로 플랫폼 패권 경쟁의 격화를 불러온다. 애플, 메타, 마이크로소프트, 구글과 같은 거대 기술 기업들은 차세대 XR 플랫폼의 주도권을 차지하기 위해 치열하게 각축하고 있다. 이는 단순한 기기 판매 경쟁을 넘어, 미래 컴퓨팅 환경의 헤게모니를 장악하기 위한 전쟁이다. 콘텐츠 기업은 게임 엔진 및 GPU 기업과 손잡고 독자적인 메타버스 플랫폼을 구축하며, 자동차 제조사는 자율주행 기술과 AR 내비게이션을 결합하여 '모빌리티 메타버스' 시장을 노린다. 이처럼 동맹과 연합이 수시로 재편되는 거대한 에코시스템 경쟁이 전개된다.

이러한 변화의 물결은 기업 조직 내부의 재편을 요구하는 동시에, 국가 간 경쟁의 구도마저 새롭게 정의한다. 조직은 개방형 혁신과 분산형 구조로 빠르게 전환되며, 가상 공간에서의 협업이 일상화된다. 이 환경에서는 속도의 경제와 네트워크 효과가 승패를 결정하는 가장 중요한 변수가 된다. 각 산업의 거인들이 벌이는 경쟁과 협력이 복잡하게 얽히면서, 결국 종합적인 생태계의 힘이 최종 승부를 가르게 될 것이다. 국가 간의 물리적 경계는 희미해지지만, 자국의 기술 표준을 관철하고 산업을 보호하려는 전략은 오히려 강화된다. 이제 국가 간 경쟁은 표준 경쟁, 시장 선점 경쟁, 제도 경쟁이라는 삼중 전선에서 펼쳐진다. 특히 기술의 상호운용성 논의가 활발히 진행되며, 여기서 채택된 기술 표준이 미래 디지털 패권을 좌우할 것이다. 따라서 각국은 기술의 포용적 보급과 국민의 디지털 권리 보장을 병행하는 전략적 접근이 필요하다.

◀ 일하는 방식, 배우는 방식이 완전히 바뀐다 ▶

공간 컴퓨팅 기술은 전통적인 노동의 개념을 근본적으로 재정의한다. 직원들은 메타버스 오피스에 자신의 아바타로 출근하여 높은 몰입감과 집중력을 발휘하고, 원격 환경에서도 팀의 유대감을 강화한다. 기업의 인재 확보 범위는 전 지구로 확장되며, 이는 개인에게는 더 많은 기회를 제공하지만 기업에게는 인재 유치를 위한 경쟁의 심화를 의미한다. 미래 인재에게 요구되는 핵심 역량은 디지털 협업 능력, 가상 커뮤니케이션 기술, 그리고 AI와의 효율적인 협업 능력이다. AI와 로봇 기술의 발전은 단순 반복적인 업무를 대체하며, 인간의 역할은 점차 창의적이고 사회적인 상호작용이 중요한 영역으로 이동하게 만든다.

◀ AI와의 공생, 새로운 노동의 표준이 되다 ▶

AI는 단순한 도구를 넘어 인간의 동료로 격상되어 의사결정을 돕고 생산성을 극대화한다. 한 명의 개발자가 AI 도구의 도움을 받아 만든 게임이 수백만 장 판매되는 사례가 이미 현실이 되었으며, 이는 때로는 대기업의 구조조정을 촉발하는 계기가 되기도 한다. 이처럼 개인과 AI의 공생 관계는 미래 노동 환경의 새로운 표준이 된다.

이러한 변화에 발맞춰 기존에 없던 새로운 직업들이 부상하고, 전통적인 직업의 업무 방식 또한 고도화된다. 메타버스 빌더, AR 경험 디자이너, 디지털 휴먼 디렉터, XR 보안 전문가와 같은 새로운 직업이 등장한다. 동시에 의사, 기술자, 교사, 디자이너 등 기존 전문직의 업무 방식 역시 AR과 MR 기술을 기반으로 더욱 정교하고 효율적으로 발전한다.

노동의 시공간적 경계가 허물어지면서 일하는 방식 자체도 유연하게 변모한다. 근무 시간과 장소의 제약이 사라지고 유연 근무가 보편적으로 정착한다. 과거 원격 근무의 단점으로 지적되던 고립감은 가상 공간이 제공하는 강력한 현존감으로 상당 부분 완화된다. 도시는 어디에서나 일할 수 있는 환경으로 재편되며, 이는 인구의 지방 분산을 촉진하고 지역 균형 발전에 기여할 가능성을 연다. 결국 일의 가치를 평가하는 기준은 기술의 속도가 아니라, 인간이 기술을 얼마나 주체적으로 활용하는가로 이동한다.

몰입형 경험 학습이 몰고 올 교육 패러다임의 전환

공간 컴퓨팅 기술은 교육의 패러다임을 지식의 일방적 습득에서 몰입형 경험 학습으로 근본적으로 전환시킨다. 학생들은 VR 클래스룸과 AR 실험을 통해 추상적인 개념을 직관적으로 체험하며, 이는 학습에 대한 이해도와 흥미를 크게 높인다. 실제로 관련 연구 조사에서는 이러한 경험 학습이 학습효과를 대폭 향상시킨다는 결과도 있다. AI 튜터는 학생 개개인의 수준에 맞춰 일대일 맞춤형 교육을 제공함으로써 교육 격차를 해소하는 데 기여한다. 이러한 방식은 정규 교육뿐만 아니라 평생교육과 산업 현장의 전문 지식 전수에도 매우 효과적이다.

혁신과 연구의 속도 역시 가상 프로토타이핑을 통해 극적으로 가속화된다. 학생, 연구자, 창업가들은 더 이상 물리적 제약에 얽매이지 않고 가상 실험실에서 자신의 아이디어를 즉시 구현하고 테스트할 수 있다. 전 세계에 흩어져 있는 국제 연구팀은 VR 협업 공간에 모여 시공간의 제약 없이 학제 간 융합 연구를 수행하고, 연구 결과물을 공유하는 오픈 사이언스를 확장해 나간다.

교육 기회의 평등성 또한 획기적으로 제고된다. 도서산간 지역의 학생도 VR 기술을 통해 도시의 명문 학교 수업에 원격으로 참여할 수 있으며, 개발도상국의 학생들은 세계 일류 과학자와 함께 가상 실험을 수행하는 기회를 얻는다. 이러한 환경에서 교사의 역할은 지식 전달자에서 학습 경험을 설계하는 디자이너로 전환되며, 학생을 평가하는 기준 역시 암기 능력보다는 창의력과 문제 해결 능력 중심으로 재편된다.

따라서 우리는 디지털 리터러시(디지털 정보를 이해하고 활용하는 능력)와 가상 세계의 윤리 문제와 같은 새로운 과제에 대응하며 교육의 규칙을 다시 써 내려가야 한다.

◀ 도시와 메타버스가 하나로 융합된다 ▶

공간 컴퓨팅은 물리적 현실의 경계를 넘어 경험의 범위를 무한히 확장하며, 이는 개인의 일상과 사회적 가치관에 깊은 변화를 가져온다. 사람들은 메타버스 공연, VR 스포츠, AR 요리 등 새로운 형태의 여가 활동을 즐기고 자기 계발의 기회를 얻는다. 가상 세계에서 얻은 경험 역시 실질적인 가치로 인정받게 되면서 가상 재화와 디지털 자산의 소비가 보편화된다. 또한, 개인은 현실의 자신과 다른 여러 아바타 자아를 동시에 운영하며 정체성의 다층화를 경험한다. 이는 자기표현 욕구를 충족시키고 자신감과 행복감에 긍정적인 영향을 줄 수 있다.

이러한 변화 속에서 현실과 가상 세계의 균형을 맞추는 것이 중요한 과제로 떠오른다. 디지털 세계에 대한 몰입이 깊어질수록, 의도적으로 디지털 기기를 멀리하는 '디지털 디톡스'나 자연으로 회귀하려는 경향이 동시에 나타날 가능성이 크다. 사회가 추구하는 가치관의 무게 중심 또한 효율성과 생산성에서 창의성과 윤리로 이동한다. 다양성과 포용의 가치가 더욱 중요해지고, 디지털 격차와 정보 접근 권리 문제가 새로운 사회적, 윤리적 이슈로 부상한다. 한편, 지속가능성 측면에서 공간 컴퓨팅은 물리적 이동과 자원 소비를 줄여 탄소 배출량 감축에 기여하는 긍정적 측면이 있지만, 방대한 데이터를 처리하는 데이터센터의 전력 소모 문제와의 균형을 맞추어야 하는 과제를 안고 있다.

미래의 스마트시티는 도시 전체를 가상 공간에 복제한 '도시 디지털 트윈Urban Digital Twin'으로 진화하여 운영의 효율성을 극대화한다. 도로, 건물, 교통 흐름, 인구 분포 등 도시의 모든 요소를 가상 모델로 만들고, 실시간 데이터와 연동하여 도시 운영을 최적화하는 것이다.

예를 들어, 인프라 유지보수 담당자는 AR 기술로 땅속이나 벽 너머를 투시하여 문제를 진단하고, 전력망과 수도관을 시각화된 데이터로 보면서 원격 AR 협업을 통해 신속하게 복구 작업을 수행한다. 소방관이나 경찰은 MR 헬멧을 착용하여 현장 상황을 입체적으로 파악함으로써 구조 및 대응 효율을 극대화한다. 자율주행차와 드론은 도시 디지털 트윈과 실시간으로 통신하며 정밀한 공간 인지를 바탕으로 안전성과 운행 효율을 한 단계 끌어올린다.

이 모든 것을 뒷받침하는 핵심 인프라는 바로 '공간 웹'이다. 정부는 정밀 지도 데이터와 공공 XR 플랫폼을 개방하여 민간 개발사들이 시민들을 위한 혁신적인 서비스를 만들 수 있도록 지원한다. 시청이나 관공서와 같은 행정 기관을 메타버스에 구현하여 시민들의 정책 참여를 유도하는 참여형 거버넌스를 확장할 수도 있다. 이러한 도시 디지털 트윈의 성공적인 안착을 위한 관건은 방대한 도시 데이터를 어떻게 관리하고 시민의 프라이버시를 보호할 것인가에 대한 사회적 규범과 제도적 장치를 마련하는 것이다. 미래 도시의 경쟁력은 물리적 인프라가 아닌, 시민에게 제공하는 디지털 경험의 질과 데이터를 관리하는 능력에 의해 재편된다.

메타버스는 더 이상 가상에만 머무르지 않고 현실과 가상을 완벽하게 융합하는 환경으로 진화하며, 기업의 비즈니스 전략 또한 근본적인 변화를 요구한다. 기존의 O2O Online to Offline 서비스는 디지털과 물리적 세계를 더욱 정교하게 연계하는 방식으로 고도화된다. 소비자는 VR 쇼룸에서 가구를 둘러보고, AR 기술로 자신의 집에 가상으로 배치해 본 뒤, 현실에서 최종 구매를 결정하는 끊김 없는 경험을 하게 된다. 패션 산업은 VR 패션쇼, AR 가상 피팅, 그리고 실제 상품 구매로 이어지는 통합된 경험을 제공하며, 부동산 산업은 VR 모델하우스 방문과 AR을 통한 동선 검증으로 전통적인 분양 방식을 대체한다.

이처럼 기업과 산업의 활동 무대가 현실과 가상을 넘나들며 확장되고 있다. 플랫폼 기업들은 온라인과 오프라인의 연계를 더욱 강화하고, 글로벌 브랜드들은 자사의 정체성을 담은 브랜드 메타버스 경험을 확장하는 데 주력한다. 국제 전시회나 콘퍼런스 역시 완전한 가상 이벤트 혹은 현실과 가상을 결합한 하이브리드 형태로 정착한다. 아바타 신원 인증과 디지털 서명이 상용화되면서 법적 효력을 갖는 B2B(기업 간 거래) 활동이 가상 공간에서 활발히 이루어진다. MR 서비스는 물리 법칙을 적용한 가상 객체를 통해 실재감을 극대화하고, AI와 디지털 휴먼은 메타버스 매장과 게임 속에서 사람처럼 고객을 응대하는 NPC_{Non-Player Character}로 구현된다.

이제 기업은 옴니채널을 넘어 '옴니스페이스_{Omni-space}' 전략을 설계해야 한다. 기업들은 메타버스 공간에서 전 세계의 디자이너들과 실시간으로 협업하고, 가상 공장 시뮬레이션을 통해 생산 효율을 최적화한다. 미래 시장에서는 고객에게 얼마나 높은 몰입감과 연속성 있는 경험을 제공하는가가 핵심 경쟁력이 된다. 특히 기술의 상호운용성이 중요해지는 시대에는 특정 플랫폼에 이용자를 가두는 폐쇄적인 전략보다, 여러 플랫폼이 연결된 거대한 네트워크 전체에서 최적의 서비스를 제공하는 개방적인 전략이 궁극적인 성공을 가져올 것이다.

AI·로봇과 함께 진화하는 인간

공간 컴퓨팅은 인공지능, 로봇 기술과 결합하여 인간의 능력을 전례 없는 수준으로 증폭시킨다. 시선, 손짓, 음성 등 여러 방식을 동시에 사용하는 멀티모달 인터페이스Multimodal Interface는 AI 기술의 지원 없이는 구현하기 어렵다.

애플의 공간 컴퓨팅 기기인 비전 프로가 보여주는 정교한 시선 추적, 손동작 감지, 음성 인식 기술은 마치 컴퓨터가 사라진 듯한 '보이지 않는 컴퓨팅'을 실현하여 사용자 경험을 혁신한다. 여기에 생성형 AI가 더해져 사용자는 음성 명령만으로 이미지, 영상, 3D 객체는 물론 하나의 완전한 XR 환경까지 즉시 생성하며 자신만의 가상 세계를 창조할 수 있다. 나아가 AI 에이전트는 사용자가 보고 듣는 모든 것을 실시간으로 이해하고 필요한 정보를 선제적으로 제공하는 지능적인 디지털 비서로 진화한다.

로봇 역시 공간 컴퓨팅 기술과 상호작용하며 인간의 물리적 활동을 확장하는 핵심 파트너가 된다. 로봇은 공간 컴퓨팅 기기와 유사한 원리로 주변 환경을 스캔하고 3차원 지도를 생성한다. 이들은 AR 클라우드(현실 공간의 3D 데이터를 저장하고 공유하는 클라우드 시스템)를 통해 공통의 공간 데이터를 공유함으로써 청소나 물류와 같은 작업을 훨씬 효율적으로 수행한다. 의사나 기술자는 텔레프레즌스 로봇(원격 조종을 통해 사용자가 다른 장소에 있는 것처럼 느끼게 해주는 로봇)을 XR 기기로 정밀하게 조작하여, 마치 현장에 있는 듯한 현존감을 느끼며 원격 진료나 수리 작업을 수행할 수 있다. AI를 통해 고도의 작업 능력을 갖춘 휴머노이드 로봇(인간의 형태를 닮은 로봇)은 인간과 AR 정보를 공유하며 상호 이해를 높이고 복잡한 협업을 가능하게 한다.

이러한 기술의 융합은 한 사람이 다수의 전문가 역할을 수행하는 '슈퍼개인'의 등장을 촉진한다. 개인은 개발, 디자인, 마케팅과 같은 전문 영역의 업무를 AI와 분업하며 이전에는 상상할 수 없었던 수준의 성과를 창출한다. 이는 개인의 잠재력을 수십 배로 증폭시키는 기회가 되지만, 동시에 강력해진 능력에 걸맞은 윤리적 고려와 사회적 책임을 요구한다. 따라서 기술의 발전과 함께 새로운 시대에 맞는 문화적, 사회적 규범을 정립하는 노력이 반드시 수반되어야 한다.

디지털과 물리적 세계의 융합은 거스를 수 없는 시대적 흐름이며, 이 거대한 전환 속에서 삶의 모든 측면이 근본적으로 변모하고 있다. 기존 산업들은 경계를 넘어 새롭게 재편되고, 시장의 경쟁 구도는 개별 제품이나 서비스가 아닌 플랫폼과 생태계의 주도권을 확보하는 방향으로 이동한다. 각 국가는 미래 기술 표준과 시장, 관련 제도를 선점하기 위한 국가적 차원의 전략을 수립해야 한다. 일하는 방식은 더욱 유연하고 지능적으로 변모하며, 교육은 지식 암기에서 몰입형 경험 중심으로 그 패러다임을 바꾼다. 개인의 라이프스타일과 가치관 역시 효율성 위주에서 벗어나 창의성, 다양성, 그리고 일과 삶의 균형을 재발견하는 방향으로 나아간다.

이제 기술이 상상력을 따라잡는, 진정한 상상력의 시대가 열렸다. 공간 컴퓨팅과 AI는 더 이상 공상 과학 속 이야기가 아닌, 우리의 상상을 현실로 구현하는 강력한 도구이다. 이 시대에는 상상력의 크기가 곧 현실에서 이룰 수 있는 성취의 크기를 결정한다. 기업가는 단순히 시장을 분석하는 것을 넘어 과감한 상상을 통해 새로운 시장을 창조해야 하며, 개인은 주어진 역할을 수동적으로 수행하는 것을 넘어 자신만의 일을 새롭게 창조해야 한다. 교육 역시 정해진 답을 찾는 훈련에서 벗어나 학생들의 상상력을 자극하고 탐구 정신을 키우는 방향으로 나아가야 한다.

거대한 패러다임의 전환은 이미 시작되었으며, 우리 각자가 이 새로운 시대의 규칙을 직접 만들어가는 주체가 될 수 있다는 믿음이 무엇보다 중요하다. 기업인은 이윤 추구를 넘어 새로운 비즈니스 윤리를 고민해야 하고, 정책입안자는 다음 세대를 위한 사회 제도를 설계해야 한다. 교육자는 다가올 시대에 필요한 핵심 역량을 길러주는 역할을, 그리고 개인은 평생 학습과 끊임없는 자기 혁신으로 시대의 변화에 호응해야 한다. 이러한 사회 구성원 모두의 집단적 노력이 모일 때, 미래는 우리의 의지가 담긴 모습으로 형성될 것이다.

현실과 가상이 융합된 거대한 게임판 위에서, 우리는 모두 플레이어로 서 있다. 그리고 그 게임의 규칙은 다른 누군가가 아닌 바로 우리 자신의 손으로 직접 써 나가는 것이다. 시간과 공간의 한계를 넘어 무한히 확장된 인간의 가능성을 최대치로 발휘할 새로운 여정이 시작되었다. 이 거대한 변화의 물결이 때로는 두렵게 느껴질 수도 있지만, 인류 역사상 이보다 더 흥미로운 모험은 없었다. 거대한 판은 이미 움직이고 있다. 이제 우리가 그 흐름을 주도하며 더 나은 미래를 위한 새로운 규칙을 만들어가야 할 때이다.

시간, 공간 그리고 인간이 확장된다

기술 혁신은 언제나 인간 존재의 경계를 넓혀왔다. 인류는 불을 다루며 밤의 어둠을 지배했고, 증기기관으로 거리의 장벽을 무너뜨렸으며, 인쇄술과 사진, 컴퓨터를 통해 각각 기억, 시각, 사고의 능력을 확장했다.

이제 현실 공간 위에 디지털 정보를 겹쳐 세계를 재창조하는 공간 컴퓨팅의 시대가 도래했다. 공간 컴퓨팅과 그 위에 펼쳐질 공간 인터넷은 우리의 존재 자체를 확장하며, 현실과 가상의 경계를 허물고 시간과 공간의 제약을 사라지게 한다. 이 거대한 변화는 단순한 기술 발전을 넘어, 시간, 공간, 인간의 인식과 능력을 근본적으로 전환하고 확장하는 것을 의미한다. 새로운 도구를 손에 쥔 인류는 디지털로 확장된 우주의 문턱에 서 있으며, 이 문턱을 넘어설 때 우리의 삶과 문명은 이전과 전혀 다른 모습으로 재편될 것이다.

공간 컴퓨팅이 불러올 가장 급진적인 변화는 현실이라는 개념 자체의 재정의이다. 미래의 인간은 눈앞의 물리적 세계와 디지털 정보를 하나의 통합된 세계로 인식하게 된다. 디지털로 복제된 도시에 인공지능이 결합되고, 인간의 시선과 손짓을 이해하는 공간 컴퓨터가 일상을 채우면 현실과 가상을 구분하는 행위는 더 이상 의미를 잃게 될 수 있다.

우리가 바라보는 모든 공간은 데이터가 그려지는 캔버스가 되며, 정보는 더 이상 화면 속에 갇힌 것이 아니라 현실의 일부가 된다. 필요한 정보가 공간 속에서 자연스럽게 모습을 드러냄으로써, 지식은 검색하여 습득하는 대상이 아니라 눈으로 보고 손으로 만지는 직관적인 경험으로 변모한다.

이러한 변화는 인간의 인지 방식과 감각 체계 전반의 혁신을 촉발한다. 현실 공간에 디지털 정보가 스며들면서, 우리는 물리적 세계와 가상 정보를 동시에 처리하는 새로운 인지 능력을 발달시키게 된다. 인공지능 비서가 시시각각 맥락을 파악해 필요한 정보를 눈앞에 제시하면, 인간의 기억과 판단은 상당 부분 기계에 의존하게 될 것이다. 이처럼 기술의 도움으로 감각과 주의력이 확장될수록, 역설적으로 무엇을 어떻게 볼 것인가에 대한 주체적 선택과 훈련이 더욱 중요해진다.

공간 컴퓨팅은 시간 감각과 일상의 경험 구조 또한 근본적으로 바꾼다. 한 사람이 동시에 여러 공간에 존재하며 다양한 역할을 수행하는 것이 가능해지면서, 단위 시간에 체험하고 성취할 수 있는 일의 양이 비약적으로 늘어난다. 이미 우리는 스마트폰을 통해 지구 반대편과 실시간 회의를 하고 온라인 콘서트를 즐기지만, 미래에는 물리적 이동 시간이 최소화되고 여러 장소와 시간이 하나의 삶 속에 중첩될 것이다. 이로 인해 체감되는 시간의 밀도는 과거와 비교할 수 없을 정도로 높아진다.

일과 여가의 경계는 희미해지고, 가상 세계의 경험과 성취가 현실로 이어지는 새로운 일상이 자리 잡는다. 과거에는 한 사람이 한 순간에 오직 한 곳에만 존재할 수 있었지만, 이제는 공간의 제약 없이 협업하고 학습하며 디지털 세계와 현실 세계를 자유롭게 오가는 동시다중적 존재가 가능해진다.

그러나 이러한 변화는 새로운 철학적 질문을 제기한다. 항상 보정된 현실을 경험하는 우리는 과연 무엇을 진짜 보았다고 할 수 있는지에 대한 철학적 물음에 직면한다.

눈앞의 광경이 자연 그대로가 아니라 수많은 정보로 꾸며지고 필터링된 것이라면, 진실된 경험의 기준은 어떻게 정의되어야 하는가. 더 나아가, 모든 것이 즉각적으로 주어지고 동시다발적으로 펼쳐지는 세계에 익숙해진 세대는 기다림과 여백의 시간을 어떻게 받아들일까. 인간의 집중력과 성찰의 능력은 전례 없는 도전에 직면하게 될 것이다.

공간 컴퓨팅과 인공지능이 확장한 시공간 개념은 개인과 사회에 막대한 가능성의 문을 연다. 공간의 제약이 사라지면서 누구나 전 지구를 무대로 활동할 수 있고, 지리적 거리에 구애받지 않고 물리적으로 흩어진 동료와 매일 대면하듯 소통할 수 있다. 또한 수만 명이 동시에 접속해도 수용 가능한 무한한 가상 공간을 통해,

현실에서는 불가능했던 규모의 고객과 만나는 새로운 비즈니스가 탄생한다.

이는 현실과 가상이 결합된 새로운 공간 경제의 장이 열리고 있음을 의미한다. 개인의 삶 역시 전에 없던 기회를 맞이한다. 인공지능의 도움 아래 일과 학습, 창작과 놀이를 자유롭게 병행할 수 있게 된다. 가상 환경에서의 몰입형 교육은 누구에게나 최상의 교육 기회를 제공하고, 원한다면 일을 하면서 동시에 다른 공간에서 학업을 이어가는 것도 가능해질 것이다.

인공지능 비서는 개인에게 맞춤형 정보를 제공하고 업무를 보조하여 생산성과 창의성을 극대화한다. 그 결과, 한 개인이 창출하는 가치와 영향력은 과거와 비교할 수 없을 정도로 커진다.

과거에는 거대한 조직이나 국가만이 수행할 수 있었던 일을 한 개인이 해내는 '초개인'의 등장이 현실화되는 것이다. 이처럼 확장된 인간은 신체적, 인지적 한계를 초월하여 이전보다 훨씬 큰 영향력을 발휘하게 된다.

그러나 기술의 빛이 강해질수록 그림자 역시 짙어지기 마련이다. 공간과 시간이 기술로 확장된 세계는 새로운 도전 과제를 제시하는데, 그중 가장 시급한 것은 프라이버시와 안전의 문제이다. 사용자의 맥락을 파악하여 편의를 제공하는 서비스는 필연적으로 개인의 일거수일투족을 데이터로 수집하고 해석하며 심각한 정보 침해의 우려를 낳는다. 위치, 시선, 건강 상태 등 무의식적으로 제공된 정보의 소유권은 누구에게 있으며, 악용될 가능성은 어떻게 통제할 것인가 하는 질문이 제기된다. 사용자가 보고 듣는 모든 것이 기록될 수 있는 공간 컴퓨팅 환경에서 개인의 존재 자체가 투명해지는 딜레마와 함께 그에 상응하는 사회적 규범 마련이 시급한 과제로 떠오른다. 이러한 문제를 해결하기 위해 사회는 새로운 윤리와 규범, 그리고 제도적 장치를 마련해야 한다. 인류는 자동차의 등장에 교통법규로, 산업화 시대에 노동법으로 대응했듯이 공간 컴퓨팅 시대에 맞는 사회적 합의를 이끌어내야 한다. 어떤 데이터를 어디까지 수집하고 활용할 수 있는지, 가상 공간에서의 행위 규칙은 무엇인지, 디지털 신원과 소유권은 어떻게 정의할 것인지에 대한 깊이 있는 논의가 필요하다.

또 다른 도전은 인간의 심리와 생활양식의 변화에서 비롯된다. 공간 컴퓨팅이 촉발한 초연결 사회에서 우리는 24시간 내내 외부와 연결되고 끊임없는 자극에 노출된다. 일과 여가의 경계가 흐려지는 환경은 생산성을 높일 수 있지만, 동시에 극심한 디지털 피로와 정체성 혼란을 야기할 수 있다. 이에 따라 현실 세계의 경험보다 가상 경험을 선호하는 현실 도피 경향과, 반대로 과도한 연결에 지쳐 디지털 단식을 추구하며 자연으로 회귀하려는 흐름이 공존할 것이다.

사회의 가치관 또한 효율성과 생산성 중심에서 창의성, 윤리, 삶의 질을 중시하는 방향으로 이동할 가능성이 높다. 이는 기술이 모든 것을 가능하게 할 때, 역설적으로 무엇을 하지 않을 것인지를 결정하는 지혜가 더욱 중요해지기 때문이다.공간 컴퓨팅과 공간지능은 단순한 편의를 더하는 기술이 아니라, 인류 문명의 새로운 단계를 여는 거대한 전환이다. 많은 미래학자는 인공지능과 공간 인터넷이 결합된 사회를 인류 문명의 다음 단계로 전망한다. 기술이 인간 경험의 지평을 넓힐 것은 분명하지만, 그 방향키를 어떻게 잡느냐에 따라 문명의 향방은 극명하게 달라질 것이다.

산업혁명이 인간 노동의 가치를, 정보혁명이 지식 공유의 윤리를 핵심 의제로 삼았듯이, 디지털 우주의 시대는 우리에게 삶의 의미와 목적에 대한 새로운 성찰을 요구한다. 우리는 스스로에게 질문해야 한다. 앞으로의 문명은 쾌락과 편의의 끝없는 추구를 목표로 삼을 것인가, 아니면 기술을 통해 인간 정신의 성숙과 공동체의 행복을 증진할 것인가. 이 선택에 따라 미래의 모습은 결정적으로 달라진다. 공간 컴퓨팅이 부여하는 신적인 능력은 그 책임과 위험 또한 신화적 규모로 증폭시킨다.

개인의 목소리가 거대한 데이터 흐름 속에 매몰되고 인간이 자율적 존재가 아닌 집단 처리 시스템의 부속품으로 전락할 수 있다는 비관론과, 인류가 생물학적 한계를 극복하고 새로운 차원으로 진화할 것이라는 낙관론이 공존하는 지금, 우리는 현명한 선택을 내려야 한다. 인류는 불과 도구, 증기와 전기, 그리고 인터넷을 통해 세계를 끊임없이 재창조해왔다. 이제 현실 그 자체를 상상으로 덧칠하는 공간 컴퓨팅 기술을 통해 또 하나의 거대한 도약을 앞둔 우리는 문명 전환의 지평선에 서 있다.

기술의 진보와 인지 혁신은 언제나 양날의 검과 같았다. 불은 인류에게 빛과 온기를 주었지만 동시에 파괴적인 무기가 되었고, 기계화는 풍요를 안겨주었지만 전통 사회의 붕괴와 자연 훼손을 초래했다. 공간 컴퓨팅과 인공지능 역시 마찬가지다. 이 기술들은 인간 경험의 지평을 획기적으로 넓혀주면서도, 동시에 새로운 윤리적, 사회적 과제를 제기한다. 따라서 가장 중요한 것은 우리가 이 기술을 어떤 이야기로 만들어 나갈 것인가 하는 문제이다.

공간 컴퓨팅과 인공지능이 결합된 세계를 살아갈 새로운 인간상은 어떤 모습이어야 하는가에 대한 근본적인 성찰이 요구된다. 기술이 인간의 수많은 기능을 대체함에 따라, 우리는 인간을 인간답게 만드는 고유한 가치가 무엇인지 다시 묻지 않을 수 없다. 그 해답은 창의성, 공감, 도덕적 상상력과 같이 기계가 모방할 수 없는 인간적인 것에 있다. 기술 시대일수록 오히려 인간다움의 가치를 재발견해야 한다는 역설이 바로 여기에 존재한다.

이러한 변화 속에서 개인의 정체성 또한 새로운 지평을 맞이한다. 인간은 물리적 현실과 디지털 현실을 넘나들며 살아가는 이중적 존재가 된다. 온라인상의 아바타와 오프라인의 실제 자아는 때로 구분이 어려울 만큼 융합되어 하나의 확장된 자아를 이룰 수 있다. 이러한 상황은 '진정한 나는 누구인가'라는 질문을 던지게 한다. 현실의 몸을 지닌 나와 디지털 휴먼으로서의 내가 겪는 경험이 과연 동등한 가치를 지니는지에 대한 고민과 함께, 다층적인 존재 방식은 자아의 연속성과 정신적 안정에 새로운 도전을 제기한다.

궁극적으로 공간 컴퓨팅 시대의 인간은 자신에 대한 깊은 통찰과 성찰을 지속해야 한다. 스스로 창조한 디지털 우주 속에서 어떤 존재로 거듭날 것인지 답하기 위해서는 기술에 대한 이해만큼이나 인간에 대한 이해가 필수적이다. 우리의 존재 방식, 관계 맺는 방식, 그리고 일하고 배우며 즐기는 방식이 근본적으로 재편되는 새로운 현실 속에서, 인간다운 삶의 의미를 끊임없이 질문하며 기술과 공존하는 윤리적 주체로서 자신을 정립해야 한다. 다행히 인류는 새로운 환경에 적응하면서도 고유한 가치와 의미를 찾아내는 놀라운 능력을 역사적으로 증명해왔다. 농경사회에서 산업사회로, 다시 정보사회로 전환하는 과정에서 노동의 의미를 재정의하고 공동체의 규범을 진화시키며 인간다움을 지켜온 경험이 바로 그 증거이다.

인류는 이제 눈에 보이는 물리적 우주를 넘어, 디지털로 확장된 새로운 우주를 창조하고 그 안에 첫발을 내디뎠다. 이 새로운 세계에서 우리는 마치 신의 시야로 세상을 조망하고 조물주처럼 현실을 창조하는 힘을 얻을 수도 있다. 그러나 동시에 그 막강한 힘이 잘못 사용될 경우, 스스로 만들어낸 세계의 포로가 될 위험 또한 내포하고 있다. 역사의 다음 장은 아직 쓰이지 않았으며, 공간 컴퓨팅과 인공지능이 이끌 인류 미래의 서사는 우리 세대의 선택과 노력에 전적으로 달려 있다.

지금이야말로 과장되지 않은 냉정한 상상력, 역사로부터 얻은 교훈, 그리고 깊이 있는 인문학적 통찰이 그 어느 때보다 필요한 시점이다. 시간과 공간이 확장된 자리에서 인간의 역할을 재정립하고 기술과 더불어 인간성이 확장되는 밝은 문명을 만들어갈 지혜를 모아야 한다. 새로운 질문을 두려워하지 않고 열린 마음으로 사유하며 미래를 주체적으로 맞이할 때, 비로소 이 새로운 공간은 인간과 사회를 위한 진정한 도구로 완성될 것이다.

KI신서 16101

넥스트 AI, 공간 컴퓨팅

1판 1쇄 인쇄 2026년 2월 23일
1판 1쇄 발행 2026년 2월 26일

지은이 최형욱, 전진수
펴낸이 김영곤
펴낸곳 ㈜북이십일 21세기북스

출판부문 출판2본부장 윤서진
인생명강팀장 박강민 **인생명강팀** 이현지 권혜지
디자인 푸른나무 디자인
마케팅팀 유진선 이수진 김설아
마케팅영업부문 정지은 한충희 장철용 강경남 황성진 김도연
제작팀 이영민 권경민

출판등록 2000년 5월 6일 제1406-2003-061호
주소 (10881) 경기도 파주시 회동길 201(문발동)
대표전화 031-955-2100 **팩스** 031-955-2151 **이메일** book21@book21.co.kr

(주)북이십일 경계를 허무는 콘텐츠 리더

21세기북스 채널에서 도서 정보와 다양한 영상자료, 이벤트를 만나세요!
페이스북 facebook.com/jiinpill21 **포스트** post.naver.com/21c_editors
인스타그램 instagram.com/jiinpill21 **홈페이지** www.book21.com
유튜브 youtube.com/book21pub

서울대 가지 않아도 들을 수 있는 **명강**의! <서가명강>
'서가명강'에서는 <서가명강>과 <인생명강>을 함께 만날 수 있습니다.
유튜브, 네이버, 팟캐스트에서 '서가명강'을 검색해보세요!

ISBN 979-11-7357-801-4 03320

과학

김범준 저 | 『내가 누구인지 뉴턴에게 물었다』
김민형 저 | 『역사를 품은 수학, 수학을 품은 역사』
장이권 저 | 『인류 밖에서 찾은 완벽한 리더들』

인문 / 사회

김학철 저 | 『허무감에 압도될 때, 지혜문학』
정재훈 저 | 『0.6의 공포, 사라지는 한국』
권오성 저 | 『당신의 안녕이 기준이 될 때』

고전 / 철학

이진우 저 | 『개인주의를 권하다』
이욱연 저 | 『시대를 견디는 힘, 루쉰 인문학』
이시한 저 | 『아주 개인적인 군주론』